U0098628

伊朗史
Iran

創造世界局勢的國家

陳立樵——著

三民書局

序

　　十多年前我走入伊朗現代史的研究領域，碩士論文以 1979 年伊朗革命為題，其實至今我都還很難說清楚為什麼會選擇這個主題，之後也順利地前往英國攻讀博士，還完成了英國與伊朗外交關係的研究。由於自己的研究著重在現代部分，所以撰寫這本貫穿古今的《伊朗史》，其實是個挑戰。

　　伊朗歷史不乏重要的朝代與政權，例如西元前六世紀的阿契美尼德帝國、西元後的薩珊帝國、蒙古時期的伊兒汗國、十六世紀以來的什葉派薩法維王朝、周旋於西方強權之間的卡加王朝、二十世紀的巴勒維政府，以及今日的伊斯蘭共和國。這一連串的發展，在世界史中占有重要地位。從阿契美尼德來看，其領土涵蓋今日整個中亞與西亞部分地區，還包括了埃及，也接近巴爾幹半島。若當時人們有「世界觀」的話，那個「世界」其實就是伊朗，連馬其頓的亞歷山大都為此著迷。而且在接下來的千年時光裡，這個「伊朗」是阿拉伯穆斯林勢力的重要區塊、突厥人發跡的地區，也是蒙古帝國的重要基地。近代歐洲人透過海上航行進入亞洲，也都必須掌握波斯灣才算是擁有優勢，直到今日，波斯灣局勢都還是國際政治中相當重要的部分。因此，伊朗的歷史發展，等於創造了世界歷史的發展。觀看伊朗如何創造世界，便是本書的主旨。

　　伊朗歷史的特點在於，自七世紀之後，它也屬於伊斯蘭世界的一部分，其文字也受到阿拉伯文的影響，固然語言結構還是印歐語系，但卻是以阿拉伯字母來書寫。而且，七世紀以來的伊斯蘭帝國，有很大的領土範圍都承接了古伊朗帝國的領土，所謂的「伊斯蘭本土」，不是伊斯蘭發源地阿拉伯半島，反而是後來的征服地伊朗地區。因為阿拉伯人作為外來侵略者，所以可看到伊朗地區不斷有大大小小的勢力在顛覆著伊斯蘭帝國的穩定性。蒙古的伊兒汗國、帖木兒帝國領土也都包含伊朗地區，代表蒙古曾在「伊斯蘭本土」扮演主要角色。此外，十六世紀後的伊朗成為什葉派國家，迥異於鄰近所有的遜尼派勢力，在今日時局之中也有相當大的影響力。擁有如此特色的伊朗，的確有必要多加理解。

　　不過，自 1979 年以來以美國為首的國際社會與伊朗關係惡劣，批判伊朗是「恐怖主義國家」、「有企圖要以核子武器危害世界和平」、「反對進步開放的中世紀守舊神權政體」，導致人們對於伊朗都抱持著負面印象。可能因為如此，即使伊朗是國際中的熱門話題國家，但其歷史並沒有獲得相同程度的關注。頂多古代伊朗帝國的歷史遺跡還會引起人們興趣，近現代的部分反而受到冷漠。

　　其實，要理解當代伊朗問題的歷史背景，近現代比起古代是大眾最需要認識的部分。尤其十九世紀以來英俄兩個歐洲強權在伊朗境內的競爭，也是二者在亞洲地區對峙的「大賽局」縮影。而英國人在十七世紀就已經開始在波斯灣活動，至 1970 年代退出西亞，外交檔案多到數不清，有研究不完的課題。當人們都關

注伊朗與美國關係時，其實應先瞭解前一時期伊朗與英國如何互動，還有如何周旋於強權之間，以及面對二十世紀兩次世界大戰、冷戰的壓力，才更能體會今日伊美關係為何處於對峙的局勢。

本書想呈現的是伊朗在其所在區域與國際之間的發展，也試圖正視及重視伊朗在世界歷史中的重要性。礙於篇幅，無法將所有事情都寫入本書之中，有些部分可能會嫌簡略，但仍期待以這樣粗淺的探討，可以讓人們在主流輿論太過於妖魔化伊朗的情況之下，能不再帶著有色眼光來看待這個國家。有些媒體報導中凸顯的負面問題，其實在各個國家也都可以看到，很多面向是大同小異的。

在此感謝三民書局的邀請，讓筆者有機會更深入瞭解自己研究的國家，雖然還有很多事情需要釐清，但至少以現階段來說，自己對伊朗已有了更多認識。也感謝編輯部的耐心協助，讓這本書能夠順利問世。

2020 年 5 月
輔大文研樓
陳立樵

伊朗史
創造世界局勢的國家

目 次 | *Contents*

Iran

第 1 篇

古代伊朗地區的歷史

第一章 | *Chapter 1*

定義「伊朗」

第一節　重視伊朗

一、波斯與伊朗

　　現在人們所知道的伊朗 (Iran)，就在裏海 (Caspian Sea) 以南、土耳其 (Turkey) 與伊拉克 (Iraq) 以東、波斯灣 (Persian Gulf) 以北、阿富汗 (Afghanistan) 以西的國家。而且，這個國家以前稱為波斯 (Persia)，1935 年才改名為伊朗。不過，這只是比較常見的解釋，實際上說法很多。就筆者所知，有伊朗人認為「波斯」與「伊朗」兩名字在歷史上都存在著，漸漸地在現代都用了「伊朗」，但很難知道什麼時候開始用「伊朗」。有學者說，古代伊朗帝國發跡於現在伊朗南部的法爾斯省 (Province of Fars)，從這裡發展出來的勢力，稱為「法爾斯」(Fars)，其語言稱為「法爾斯語」

圖 1：伊朗行政區域圖

(Farsi)。但是，古代的歐洲語言並沒有 Fa 的發音❶，以 Pa 來代替，「法爾斯」就成了「帕爾斯」(Pars)，「法爾斯語」就成了「帕爾斯語」(Parsi)，再經過後來歐洲語言的轉譯，到了近代的英語就寫成了 Persia，也就是「波斯」。

---

❶　可能是指希臘 (Greece)，例如古代史家希羅多德 (Herodotus) 的《歷史》 (*Histories*)，重心放在伊朗與希臘的戰爭，大概算是古代伊朗與歐洲接觸最頻繁的時刻。

　　伊朗地區的人種屬於亞利安人 (Aryan)，大約西元前 4000
年，他們從今日裏海與黑海 (Black Sea) 一帶向外遷徙，有一部
分遷往歐洲，有一部分在今日的伊朗與印度 (India)。位在今日伊
朗克爾曼沙省 (Province of Kermanshah) 的畢索頓 (Bisoton) 石碑，
為西元前六世紀伊朗的阿契美尼德帝國 (Achaemenid Empire) 國
王大流士一世（Darius I 或 Darius the Great）時期所留下的遺跡，
刻有古代的波斯語 (Old Persian)、埃蘭語 (Elamite) 與巴比倫語
(Babylonian)。在這個碑文之中，提到了「亞利安」一字。「亞
利安」逐漸轉音成了「伊朗」，可見這地區的人可能很早以前就
稱這裡為「伊朗」，而沒有說過自己是「波斯」。

　　從語言方面來看，雖然伊朗在七世紀遭到阿拉伯穆斯林摧
毀，文字也得以阿拉伯文字書寫，但其語言結構仍然是「印
歐語系」(Indo-European Languages)。英國學者湯恩比 (Arnold

圖 2：畢索頓石碑

Toynbee) 的《歷史研究》(*A Study of History*) 寫道：「幾乎所有
現存的歐洲語言、以及希臘與拉丁語言，都與現存的波斯語言、
北印度語言，與古典伊朗語言、古典梵語等，彼此之間都有關係，
有如一個龐大語系之中的各個成員一樣。」這也代表這大半個亞
洲中西部，語言有相當大的相似性，而這地區就是伊朗。湯恩比
也寫道：「必然曾有一種原始而太古的『阿利安』(Aryan) 或『印
度—歐羅巴』(Indo-European) 語言，而所有已知的語言，都是從
這個語系中傳衍下來的」。可見，「伊朗」與「印歐語系」其實是
中亞到西亞地區的兩大特色。當然這裡指的「伊朗」並不是今日
我們所知道的伊朗，因為上述中亞與西亞的一致性，所以有些研
究學者認為這區域的歷史，可以「大伊朗」(Greater Iran) 的概念
來討論。

圖 3：巴勒維國王

1935 年，伊朗正值民族
主義興盛的時期，巴勒維國王
(Pahlavi Shah) 進行「正名」運
動，要求國際間不要再稱這國
家為「波斯」，而是「伊朗」。
對伊朗人來說，「伊朗」才是
他們認同的名字，而不是外人
所知道的那個具有神秘色彩的
「波斯」。於是，現在英國石
油公司 (British Petroleum, BP)
的前身，1909 年成立的「英國

波斯石油公司」(Anglo-Persian Oil Company, APOC)，在 1935 年後也改名為「英國伊朗石油公司」(Anglo-Iranian Oil Company, AIOC)。不過，也有學者覺得不用太過「計較」到底要怎麼稱「伊朗」。例如近代伊朗史學者卡札姆薩德 (Firuz Kazemzadeh) 在 1968 年出版過《英俄在伊朗的帝國主義 (1864～1914)》(*Anglo-Russian Relations in Iran 1864-1914: A Study of Imperialism*) 一書，在 2013 年的新版裡寫道：「波斯與伊朗如同美國該稱做 United States 或者 America 一樣，是交互使用的。」

二、重視中亞

其實「伊朗」究竟要用什麼名稱並不重要，重要的是人們用什麼角度看待伊朗。在今日主流的國際輿論中，伊朗與美國關係不好，是 2002 年被美國列入「邪惡軸心」(Axis of Evil) 的國家❷，也是支持恐怖行動的國家。英國伊朗裔學者卡圖吉安 (Homa Katouzian) 的《波斯人》(*The Persians: Ancient, Mediaeval and Modern Iran*) 書本簡介提到：「感謝伊斯蘭政府、充滿爭議的核子議題，還有對西方強權複雜的關係，使伊朗得以一直都是新聞頭條。」這樣的介紹其實反諷意味較重，但這凸顯了人們對於伊朗的理解，始終只停留在表象，甚至只有負面形象。已故學者薩依德 (Edward W. Said) 在《遮蔽的伊斯蘭》(*Covering Islam*) 說道，有很多新聞報導賦予伊斯蘭世界（包括伊朗）太多莫須有

---

❷ 包括北韓 (North Korea)、伊拉克、伊朗。

的罪名，使得這個區塊以及穆斯林都遭妖魔化了。他在早前的作品《東方主義》(*Orientalism*) 所討論的，是近代西方人對於伊斯蘭與東方世界的負面偏見，而《遮蔽的伊斯蘭》談的則是現代版的偏見。當代人們因「美國觀」（其實「美國觀」也代表了「世界觀」）的影響而對伊朗產生厭惡感、排斥感，進而就不知不覺地忽略了這個國家的存在，也跳過了任何瞭解這個國家的機會。

回溯世界歷史的發展，大伊朗地區（中亞與西亞）扮演了重要的角色。在今日許多討論世界歷史發展、經濟體系發展的著作之中，都提到了這個區域的重要性，不僅與伊斯蘭 (Islam) 歷史有密切的關係，甚至也是世界發展的中心。《絲綢之路新史》(*The Silk Road: A New History*) 的作者芮樂偉韓森 (Valerie Hansen) 寫道：「中亞的民族總在遷徙，某地通行的語言也經常因此而改變。……部落遷徙在沒有史料記載的遠古也很容易發生。中亞的常態是語言的變動而不是延續。」這代表我們多半認知那「沒有歷史」的中亞，其實有很多的流動及變動。我們對於中亞的觀念應該改變，應重視中亞在世界史中的重要性。早期伊朗的歷史，就是在這樣的區域之中發展。

美國學者阿布盧格霍德 (Janet L. Abu-Lughod) 在《歐洲霸權之前》(*Before European Hegemony*) 一書有很多的篇幅就在討論印度與西亞地區的重要性，例如提到「阿拉伯與波斯的水手和商人……已經相當熟悉印度洋了」，同時也說道主流論述較為偏頗之處：「歐洲人的大多著作都認為，中世紀的義大利海上國家『積極地』在『消極的』伊斯蘭社會中經營貿易……儘管『西方』確實最終『勝出』，但這並不意味著它的勝出源於西方更為

先進的資本主義理論或實踐。」對阿布盧格霍德而言，後期西方雖建立霸權，但並不代表西方體系比較優越。此外，這本書也進一步提到，「征服者（即歐洲人）並不具備什麼獨特的『長處』；他們不過是控制了一個殘留的、先前存在的世界體系，隨後無情地將其塑造成為己所用的體系」。德國學者貢德法蘭克 (Gunder Frank) 的《白銀資本》(*ReOrient: Global Economy in the Asian Age*) 中也有相似的觀點，他強調「在近代早期大部分歷史中，占據舞臺中心的不是歐洲，而是亞洲。因此，最重要的問題與其說是在歐洲發生了什麼，不如說是在整個世紀，尤其是在主導的亞洲部分發生了什麼」。那些以西方為中心來觀察世界的論點，「看不到歐洲之外的世界對現代歐洲和世界歷史的貢獻」。他也提到所謂的「西方興起」，其實是「西方最初在亞洲經濟列車上買了一個三等廂座位，然後包租了整整一個車廂，只是到了十九世紀才設法取代了亞洲在火車頭的位置」。

英國學者彼德梵科潘 (Peter Frankopan) 在《絲綢之路》(*The Silk Road*) 寫道：「在一千年來，地處東方和西方之間，連結歐洲和太平洋的那塊地域才是地球轉動的軸心。」梵科潘也寫道：「東西間的橋梁正是文明的十字路口。這些國家並不是位於國際事務的邊緣，反而處在國際事務的中心位置。」這個正中心就是大伊朗地區，但是主流輿論都認為那些完全不值得研究。英國學者達爾文 (John Darwin) 在《帖木兒之後》(*After Tamerlane*) ❸ 強

---

❸　約翰達爾文是英國史家，早期的著作與中東有關，例如 *Britain, Egypt and the Middle East*。2016 年，《未竟的帝國》(*Unfinished Empire*)，已由麥田出版社出版中譯本。近期也出版 *The British Project*，談論英國在世界各地拓展勢力的歷史。

調，十五世紀初期曾涵蓋中亞與西亞地區的帖木兒帝國 (Timur Empire)，對於亞洲與歐洲都有直接與間接的影響力，近代所看到的歐洲擴張與進步的歷史，其實應該要以「歐亞世界」為出發點來理解。歐洲所併吞的「外圍世界」，其實只是「歐亞歷史」的一部分。歐洲能夠在「外圍世界」發展，都是依賴歐亞世界的資源。例如，若英國沒有大量使用印度的人力、沒有強制收稅，大概也很難在其他區域發展。達爾文也認為今日所看到的歐洲帝國，其實只是世界歷史的其中一個階段，而並非一切的結果。換句話說，歐亞地區的歷史，也就是包含大伊朗地區的歷史，造就了今日的歐洲，而下一階段肯定還會有更多新的面向出現。這也可進一步反思，人們看待世界歷史的發展時，不應該只是聚焦於歐洲的部分。

上述若干學者的論點，都強調了中亞與西亞地區在世界歷史中的重要性。若再深入探索，會發現這個廣泛的區域，在很長的一段時間都是伊朗的勢力範圍，這也會讓「伊朗史」撰寫工作有相當大的難度，畢竟今日伊朗的領土版圖，不同於人們熟知的幾個大帝國，例如阿契美尼德帝國、帕提安帝國 (Parthian Empire)、薩珊帝國 (Sassanid Empire) 的版圖，除了大伊朗地區之外，還包括了今日的阿拉伯地區、東南歐、北非。而且，在七世紀之後進入伊斯蘭時代，大伊朗地區先後受到阿拉伯人、蒙古人的影響。也因此，對於伊朗史的理解，需要從「大伊朗」的概念為起點，包含了今日高加索 (Caucasia) 地區、兩河流域（即美索不達米亞，Mesopotamia）、波斯灣、伊朗本土、阿富汗、中亞

與一部分的印度。這結合了非常廣泛的歷史面向，西亞到中亞有很大的範圍都屬於伊朗史發展的一部分。直到十六世紀之後的伊朗，逐漸成為什葉派 (Shiite) 的勢力範圍❹，才形塑成我們現階段所看到的伊朗。近代伊朗的領土範圍沒有以往的帝國來得廣大，本書在書寫伊朗區域各時期的政治勢力時，為做區隔，早期的都稱為「帝國」，十六世紀之後的稱為「王朝」。也因為這樣的關係，本書的「伊朗史」在前半段比較偏向於「伊朗地區的歷史」，到十六世紀後的就會比較像是「伊朗國家的歷史」。

此外，從整個歷史發展過程來看，在近代海上貿易與交流逐漸頻繁之前，內陸的貿易活動，都在這大伊朗地區。而即使是今日二十一世紀，波斯灣的國際局勢還是有其重要性。伊朗頗有世界中心的地位，也就是這裡發生的事情，都像是個世界史的中心點，世界史就由伊朗開始創造。可是，在今日這個處處可見伊朗負面形象的時代，人們往往認為古伊朗有光榮的歷史，至近代卻淪為落後、動盪的國家。何以出現這樣的狀況？又為何這樣重要的國家，人們會很自然地認為是個邪惡國家？或許，有些觀念應稍作調整，才得以公允地看待伊朗的前世今生。

第二節　神話世界裡的伊朗

一如許多地區的神話一樣，伊朗的起源也來自於混沌宇宙。

---

❹　伊斯蘭主要分為兩大派：遜尼派 (Sunni) 與什葉派 (Shiite)。

　　然而，目前古代伊朗的文獻多數已經遺失，例如古伊朗語經典
《阿維斯塔》(Avesta)，在西元前四世紀亞歷山大進攻伊朗之後
遭到焚燬，後於西元三世紀的薩珊帝國時期重新編纂。九世紀之
後伊朗地區進入了伊斯蘭時期，仍有《阿維斯塔》的編纂工作。
於是，現今的《阿維斯塔》不可能是最早期的面貌，必然夾帶了
各個時期編纂後的篇章與段落。而十世紀末到十一世紀的伊朗文
人菲爾多西 (Ferdowsi) 所寫的《列王紀》（*Shahnameh* 或 *Book
of Kings*），綜合了《阿維斯塔》與伊朗歷代君主、勇士的故事，
也提供了伊朗早期的神話面貌。

　　在伊朗神話裡，宇宙形成的初期，曾有過善神斯彭塔曼紐
（Spenta Mainyu 或 Amesha Spenta）將惡神安格拉曼紐 (Angra
Mainyu) 囚困三千年之久的故事。善神藉著這段時間，創造了
天空、月亮、太陽、水、土地。然後，植物是第一個生命，牛
則是第一個動物，再來才是人，而這個人被稱為卡幽馬路司
（Keyumars，或譯為「凱尤馬爾斯」）。這整個過程，總共是
三百六十五天。三千年之後，惡神重現，帶來了地震、蛇與蠍等
有害的動物。善神放出刺眼的亮光，降下大雨淹沒大地，消滅了
惡神創造出來的有害動物。這與《舊約聖經》大洪水的故事相似，
可見西亞地區的洪水應是古代人們共同的記憶。雖然發展出不同
的面貌，但可見在時間與地點不可考的西亞某個地區，水災必然
是個人們難以處理的問題，甚至是可能讓人類聚落在短時間被水
吞沒，畢竟古代人數不多、生活範圍也不大，如發生災難，很容
易造成多數人傷亡。

圖 4：伊朗神話中描繪的卡幽馬路司
（圖中盤坐者）

　　這場大水流進了宇魯卡夏海 (Vourukasha Sea)，而原本大水
所覆蓋的大地，就是伊朗，範圍廣大、土地肥沃。這個大地的外
側，是為艾路布斯山。這只是在神話之中伊朗人的世界，這個
海可能就是現在的裏海，而那座山可能是指裏海南方的阿爾博
斯山 (Alborz Mountain)。至於卡幽馬路司，一說他死去之後，其
生命之種生出子嗣，也就是後來的伊朗人、土耳其人、印度人、
中國人。也有一說，卡幽馬路司建立皮西達迪恩王朝 (Pishdadian
Dynasty)，成為伊朗歷史上的第一個國王。卡幽馬路司的權位傳
到了賈姆西德 (Jamshid)，治理伊朗有七百年。賈姆西德把春天
的第一天訂為新年，那一天就是「春分」3 月 21 日，而新年的

波斯文為 No Ruz：No 就是「新」的意思，Ruz 是「日子」❺。
這代表冬天已經結束，光明的日子到來，同時也象徵正義與永
生。《列王紀》寫道：「那天便定為一年第一日，……飲酒作樂，
享受人間幸福，從此在這一節日舉行這樣歡宴，由國王確定作為
一種紀念。」

　　在阿拉伯地區，有個國王馬魯達斯 (Merdas) 的兒子名為查
哈克 (Zahhak)，受到惡神慫恿要把他父親除掉，才能夠繼承王
位，否則不知什麼時候才有機會稱王。隨後惡神變成新國王肩膀
上的兩條黑蛇，又指使他只要每天殺兩人，不久就可以讓黑蛇死
去。同一時期，賈姆西德在伊朗的執政越來越不得人心，讓查哈
克趁勢進軍伊朗，處死了賈姆西德，成為伊朗國王，在位時間長
達一千年。查哈克征服伊朗的結果，代表惡神在與善神對抗之中
獲得最終勝利。神話如是說，但若這是實際上發生過的事，大概
就是伊朗與阿拉伯之間的衝突。由於上述故事是菲爾多西所寫，
他身處在八世紀後阿巴斯帝國 (Abbasid Empire) 境內阿拉伯人與
伊朗人對立的時代（見第四章），菲爾多西以伊朗人的身分來記
錄這些遠古時期的事情，肯定有不少篇幅加入了自己的立場，很
有可能將阿拉伯人比喻為邪惡的一方。查哈克除了殘酷之外，還

---

❺　今日伊朗的新年還是每年 3 月 21 日，而且人們在這時會在地上點火，
　再跨過火堆，以求來年順利。至今不僅伊朗，阿富汗、印度、塔吉克
　(Tajikistan)、土庫曼 (Turkmenistan)、土耳其、亞塞拜然 (Azerbaijan)
　等國家，在這一天都有新年慶典，稱為「世界諾魯茲節」(International
　Day of Nowruz)。

時常做惡夢發出恐怖叫聲，他夢到一名少年舉起棒子狠狠向他的頭打過來，還把他帶到達馬溫德山 (Mount Damawand)❻。朝廷中的解夢者說，往後會有個名為法利多恩 (Fereydun) 的人來取代王位。

此時的法利多恩才剛出生，他的父親阿布迪 (Abtin) 就是查哈克手中的犧牲者。阿布迪來自於皮西達迪恩王朝，法利多恩也就有王族的血統。查哈克發出追殺令要除去法利多恩，其母便將這個幼兒交到鄰近的牧場，由牧場主人再託付給阿爾博斯山的隱

圖 5：神話中記載查哈克做惡夢的場景

---

❻ 這是伊朗首都德黑蘭 (Tehran) 北方的山脈。

圖 6：法利多恩擊敗查哈克

士。十六年過去，法利多恩的母親也告訴他實情：查哈克就是他的殺父仇人。菲爾多西在這一段故事之中，強調了查哈克是「伊朗的敵人」，也是帶有將阿拉伯人妖魔化的意涵。就在查哈克想要宣示自己是「公正而慈愛的王」時，伊朗人便開始集合反抗，法利多恩也就在這時候起義作戰了。法利多恩取得勝利之後，有個天使告訴他，別殺了查哈克，把他關到達馬溫德山，這一如查哈克夢境中的結果。隨後法利多恩成了伊朗新國王，維持了五百年的政權。他把世界分給他的三個兒子，奴木以西給了長子薩勒姆（Salm，有賢明之意）❼，土蘭與中國給了二子土爾（Tur，指人有勇氣）❽，伊朗則是給了老么伊拉治（Iraj，意指深思熟慮）。

　　法利多恩想要把王位傳給他認為懂得深思熟慮的伊拉治，但對於薩勒姆與土爾來說，他們所分到的世界都是蠻荒之地，家中最小的弟弟竟然可以得到世界中心伊朗。他們發出消息：若父王

---

❼　奴木應是 Rum，也就是後來的羅馬，廣義來說是今日土耳其、巴爾幹半島、東南歐地區。

❽　土蘭與中國應是指居住在中亞的突厥人 (Turk)，這裡的「中國」也是指突厥，不是一般所認知的中國。

法利多恩不改變這樣不公平的分配的話，就要進軍伊朗本土。法利多恩得知之後，認為這兩個兒子把靈魂賣給了惡魔，在貪婪的意念之下，上天不會饒恕他們的。法利多恩並無意改變決定，而且也希望伊拉治趕緊準備應戰。不過，伊拉治想要讓出王冠。但這並沒有讓情況好轉，他的兩個哥哥認為這只是小弟矯情的表現，是因為擔憂失去性命而做的秀，最後殺了這個小弟。不過，這兩兄弟並未因此而取得王位，法利多恩反而更不願意把王權讓出去。死去的伊拉治有一女兒，結婚後生了兒子，名為馬魯吉呼魯 (Manuchehr)，成年之後就繼承了王位。法利多恩的兩個兒子此時只好趕緊來到伊朗，請求父王原諒，懺悔他們純粹是受到惡神的誘惑。但法利多恩不願意原諒這兩個兒子，薩勒姆與土爾遂聯合起來，決定挑戰父王的權威。沒多久，土爾就被馬魯吉呼魯擊敗，也失去性命。薩勒姆轉而請求查哈克陣營的救援，但徒勞無功，還是死在馬魯吉呼魯的手中。法利多恩在去世之前，指明由宮廷裡的勇將沙姆 (Sam) 作為馬魯吉呼魯的監護人，也將王位傳給了馬魯吉呼魯。

　　沙姆來自於擁有勇氣與智慧，且深受王室信賴的家族。但是，沙姆一直膝下無子，好不容易孩子出生了，卻是個黑眼睛與白頭髮的小孩，外觀相當奇特，令沙姆感到羞恥，便將兒子拋棄在阿爾博斯山。這小孩並沒有因此喪失性命，而是由神鳥斯姆爾格 (Simurgh) 撫養長大。自己的小孩還活著一事，沙姆也得知了。他再度爬上阿爾博斯山，立即就見到了他的兒子。神鳥也希望這年輕人盡快回到他該生活的王國。沙姆賜名給他兒子，叫做沙

魯 (Zal)，也誠心地請求神的饒恕。某天，沙魯與卡布魯國王相
識❾，那是查哈克的後代。沙魯與卡布魯國王的女兒魯達貝
(Rudaba) 公主互相吸引，但問題是伊朗與查哈克是死敵，魯達貝
等於是魔王的子嗣，沙魯不敢將她娶回伊朗。不過，沙姆為了補
償兒子，同意了這椿婚事，可是卡布魯國王卻怒火中燒，完全不
同意女兒嫁給敵國人。

　　伊朗國王馬魯吉呼魯得知了這個消息，也不認同這椿婚事，
而且也認為應趁勢進軍卡布魯國。馬魯吉呼魯召見了沙姆，強調
過去伊朗對外征戰的豐功偉業，而現在就只剩卡布魯尚未收服。
馬魯吉呼魯下令，讓沙姆進軍卡布魯，任何人都不可寬待。但
是，沙魯想要請求國王不要進攻卡布魯。沙姆立即寫信告訴國
王：「我已經為這國家效忠一生，而現在我兒子沙魯也將接任這
個位置，他的能力更強，一定能為伊朗帶來更多勝利，伊朗國威
必然傳遍天下。但此時為了兒子沙魯的幸福，我寧願受死也不會
進攻卡布魯。」為此，馬魯吉呼魯心軟了，而且也相當認同沙魯
是個明智且有勇氣的年輕人，遂同意了這椿婚事。沙魯與魯達貝
完婚後，兩人生下的小孩取名為魯斯塔姆 (Rostam)❿。

　　此後，皮西達迪恩王朝也即將走入歷史，馬魯吉呼魯的兒子
諾薩爾 (Nowzar) 即位之後，被土蘭的阿夫拉西亞布 (Afrasiab) 擊

---

❾　卡布魯應是指今日阿富汗首都喀布爾 (Kabul)。

❿　有研究說道，Rostam 就是「剖腹產」的意思。也有研究說，Rostam
　　是指成長、勇氣之意。

敗。然而，阿夫拉西亞布的政權很短，遭到伊朗人薩阿夫 (Zaav) 罷黜，但隨後就是阿夫拉西亞布的復仇。伊朗人此時已經無主，轉而希望沙魯領導伊朗人。據說，前朝的法利多恩還有優秀的子嗣可以即位，便是在阿爾博斯山的科巴德 (Kobad)。沙魯則是指派他的兒子魯斯塔姆前去尋找科巴德，很幸運地，他願意帶領伊朗軍隊，也順利擊敗阿夫拉西亞布。此後，伊朗進入了卡亞尼王朝 (Kayanian Dynasty) 時期。第二任卡亞尼國王卡烏斯 (Kavoos) 時期最為強盛，而其繼任者古西塔斯普 (Gushtasp)，則是傳說中接納瑣羅亞斯德 (Zoroaster) 思想的君主。然而，有關於卡亞尼王朝的敘述在此便中斷了。

　　以上大致是西元六世紀阿契美尼德帝國之前的情況。這時期的「王朝」並沒有可靠的史料記載，而且勢力範圍肯定不大。如今日以色列 (Israel) 學者哈拉瑞 (Yuval Noah Harari) 在《人類大歷史：從野獸到扮演上帝》(*Sapiens: A Brief History of Humankind*) 所說：「只要過了隔壁山谷、或是出了這座山，外面的人就還是『他們』。……外面都是些奇怪、危險、不值得注意的『野蠻人』。」即使上述的神話故事看似範圍廣泛，但實際上可能只有中亞的某一小區域。但綜合了後代人編纂之後的《阿維斯塔》，以及菲爾多西的著述，大致勾勒出從今日裏海地區、西亞與中亞的世界觀。

第三節　有關瑣羅亞斯德主義

上述的伊朗神話故事，雖然不能代表史實，但仍反映出一些歷史面向。例如宇宙形成初期，善惡之神的對抗，便是瑣羅亞斯德的思想。眾多古代文獻指出，在釐清伊朗國王馬魯吉呼魯的家族系譜之後，可看到瑣羅亞斯德是他的第十四代孫。也就是西元前十一世紀左右，瑣羅亞斯德生存的年代，正值兩大派系的對抗。不過，至今似乎沒有可靠的史料，能夠說清楚瑣羅亞斯德這個人的一生。

在瑣羅亞斯德之前，傳說伊朗有相當多的神祇，例如密特拉 (Mithra)、馬茲達 (Mazda)❶、阿帕姆納帕特 (Apam-Napat)，這些神祇統稱阿胡拉 (Ahura)，即正義之神。以歷史層面來看，大約西元前十一世紀起，在今日伊朗東部與阿富汗地區的眾多部落，互相掠奪與戰爭的情況頻繁發生，導致最後形成兩大派系針鋒相對。在前人研究裡，提到一派系是主張多神信仰、游牧生活，另一派則是尊崇智慧之神馬茲達、農業畜牧生活。所謂多神信仰，應是代表不同勢力鬥爭的情況，但可能瑣羅亞斯德強調要有所改革，才會形成兩派對立，也帶出了「善惡」的二元論。

瑣羅亞斯德認為，這個宇宙是由善惡之神所掌管，他主張

---

❶ 今日的日本車馬自達 (Mazda)，取自於創辦人松田重次郎 (Matsuda Jujiro) 的相似發音，如同瑣羅亞斯德的智慧之神馬茲達。

「一神」與「二元」，也就是說這世界上有正義與邪惡之對立。在兩方對立的過程中，也反映出善惡對立的觀念，顧名思義就是有智慧的、善良的、純潔的光明面，對抗邪惡、愚昧、殘暴的黑暗面。瑣羅亞斯德的圖騰有三層翅膀，一是善思、二是善言、三是善行。《阿維斯塔》寫道：「馬茲達！有兩件事應告訴每位智者，一是歡樂必屬正教徒，二是愁苦歸屬偽信者，因能向智者宣教，使者感到無比的快樂。」瑣羅亞斯德要告訴人們的事情，是希望能夠樂觀進取，類似我們這時代所說「要以正能量」看待人生。

　　若以現實層面來看，瑣羅亞斯德的「正邪」對抗，其實就是當地勢力相互傾軋。從今日的角度來看，那具有宗教意味。現在所說的「神」，在那時代就是「政治理念」。多數人會將對神的崇拜視為「宗教」，但其實對那個時代的人而言就是「政治」。只是隨著時代演變，人們對於政治的觀念有所轉移之後，便將已經不是主流思潮的「政治」視為「宗教」，例如近代以來歐洲發展出來的「民主」(Democracy) 取代了「基督」(Christianity)，過去的「基督政治」成為了「基督宗教」。可是下個世代必然會有新的政治觀念出現，「民主」將不會是主流思想，未來的人們會把「民主政治」視為「民主宗教」。今日人們將過去的瑣羅亞斯德當作「瑣羅亞斯德教」，在那個時期瑣羅亞斯德的思想就是主要的政治思潮，他所說的話不是「宗教」而是「政治」。「瑣羅亞斯德教」的英文寫為Zoroastrianism，若中譯為「瑣羅亞斯德主義」，更可表現政治思想的意涵。

　　瑣羅亞斯德的思想，至多就是某一區域的社會戒律，所以都相當「生活化」。古代政治人物的影響範圍可能不大，而任何「國家」的人口也不多。前述兩個神話王朝，可能都沒有多少人。當政者要管理國人的「遊戲規則」，可能都有如社群的生活公約一般，例如勸人為善、崇尚正義，犯罪會有報應、邪惡必然失敗。其實這也如《漢摩拉比法典》(*Code of Hammurabi*) 及《舊約聖經》中的「十誡」，強調公平正義、剷奸除惡，以今日角度來說都是偏向於社會規範，還不到今日的政治層面。這不是指今日人們的思考比古代來的複雜，而是說，這些規範對古代人來說已經是相當重要的思想，這樣也就足夠管理「國家」了。但是，以今日「國家」都有千萬人口的情況下，你我之分更加複雜，古代的「社會規範」就不敷使用了。

　　西元前 1500 年，在今日伊朗西南方的蘇撒 (Susa) 到兩河流域一帶，當巴比倫帝國 (Babylon Empire) 衰弱、亞述帝國 (Assyria Empire) 正強盛之際，還有米底 (Medes) 與埃蘭 (Elam) 等勢力也逐漸成形。據考古資料顯示，瑣羅亞斯德的思想在此時已盛行，西元前七世紀時，伊朗地區已有楔形文字銘文寫道，例如一份為阿里亞拉姆涅斯 (Ariaramnes) 的銘文：「這就是我所統治的伊朗，兵強馬壯的國家，偉大的神阿胡拉馬茲達賜予我的國家。靠阿胡拉馬茲達之佑，我成了這個國家的王。」這位阿里亞拉姆涅斯，便是居魯士一世 (Cyrus I) 的兄弟，也是後來阿契美尼德建立前的先祖。在該銘文之中，強調了馬茲達的重要性，代表瑣羅亞斯德主義在這區域的主流地位。不過，此時伊朗地區還

不是所謂一神信仰的時代，甚至連「一神」都只是政治人物個人的理念。

　　瑣羅亞斯德主義的發展並不單純只是在伊朗地區而已，例如有學者認為，瑣羅亞斯德開啟了猶太人 (Jews) 的一神論，而且逐漸變成了許多地區的「普世價值」。若說伊朗向來就是世界文明的中心，創造了世界局勢，這並不誇張。而且猶太信仰 (Judaism) 本身就不盡然是猶太人原創，其中夾雜了許多埃及 (Egypt)、亞述、巴比倫、伊朗等地的歷史，只是都以猶太中心的角度寫成了《舊約聖經》。當猶太人勢力於西元前 597 年遭到新巴比倫帝國擊潰，被俘虜到巴比倫，到了西元前 539 年伊朗國王居魯士二世 (Cyrus II) 消滅了巴比倫，讓一些猶太人再度回歸聖地耶路撒冷 (Jerusalem)，諸多猶太人對居魯士二世頗為感念。有些研究提到，猶太教此後融入了一些伊朗瑣羅亞斯德主義的特色，例如猶太教之中對真理與謊言的論述，其實就是來自於瑣羅亞斯德對於善與惡的討論。另外，瑣羅亞斯德的創世神話提到男人瑪什耶 (Mashya) 與女人瑪什耶娜 (Mashyana)，有抵抗誘惑的意涵，應是《舊約聖經》亞當 (Adam) 與夏娃 (Eve) 的原始版本。此外，基督教的一些儀式，例如洗禮，也是瑣羅亞斯德主義中崇拜光明神的表現，每接受一次洗禮就提高自身的層次，後來轉化為基督教的儀式。瑣羅亞斯德不僅是伊朗地區的特色，更像是中亞與西亞文化的源頭。

　　古代的伊朗史不容易撰寫，只能說可以找得到史料記載的古代伊朗，是因為地理位置大約在今日伊朗的國土裡或者鄰近地

區，所以將這個地區發生過的事情，都納入「伊朗」的歷史。例如 1901 年在伊朗境內出土的《漢摩拉比法典》，使用的是楔形文字，今藏於法國羅浮宮 (Louvre)。伊朗德黑蘭的國家博物館雖也有一座《漢摩拉比法典》碑文，但說明牌上寫著正本在羅浮宮。可是，這個法典其實與今日伊朗無關。如果將現在人們理解的古代伊朗史告訴古代的伊朗人，他們絕對無法理解那是什麼歷史，他們必然有自己所理解的古代史。但無論如何，自古以來就存在的亞利安人種、印歐語言、瑣羅亞斯德、猶太、基督等等，都是大伊朗地區的特色。下一章開始將提到的伊朗帝國，甚至七世紀之後伊斯蘭時期的巫麥雅帝國 (Umayyad Empire)、阿巴斯帝國、塞爾柱突厥勢力 (Seljuk Turks)、伊兒汗國 (Ilkhanid Khanate)、帖木兒帝國等，都是以伊朗地區為主體，在世界歷史發展中有難以忽視的重要性。時至今日，伊朗事務也深深影響著國際與西亞政治局勢。在本書以下的章節中，可看到伊朗每一階段都是創造世界局勢的主要角色。

阿契美尼德帝國與亞歷山大帝國

第一節　阿契美尼德帝國

一、從安善王到阿契美尼德帝王

　　古代伊朗大約是西元前 1500 年，興起於今日伊朗西南部的埃蘭王國，以安善 (Ansahn) 與蘇撒（Shusa，現稱為 Shush）為重要據點，西側鄰近巴比倫，西北方與亞述接壤，在中亞、阿拉伯半島 (Arabia Peninsula) 也有影響力。埃蘭曾遭到消滅，後又崛起，在這過程之中，埃蘭分散成多方政治勢力。西元前七世紀中葉，安善便是由來自阿契美尼德家族的居魯士（後稱居魯士一世）領導，將勢力範圍拓展到今日伊朗南部的法爾斯省。

圖 7：阿司提阿格斯（圖中揮手者）下令殺死甫出生的孫子（圖左嬰兒），即未來的居魯士二世

　　當埃蘭或米底都敗於亞述時，居魯士一世便臣服於亞述。大約在西元前 580 年，其子岡比西斯一世 (Cambyses I) 即位，此時正值米底擊敗亞述之際，岡比西斯一世遂臣服於米底。米底國王阿司提阿格斯 (Astyages) 之女嫁給了岡比西斯一世，生下居魯士二世。

　　希羅多德的《歷史》寫道，阿司提阿格斯夢到居魯士二世會取代他的位置，所以想要殺死這個孫子，便交給奴隸哈爾帕哥斯 (Harpagns) 處理，正巧這奴隸自己剛出生的小孩是個死嬰，所以哈爾帕哥斯就騙國王說他們把居魯士二世埋了，但實際上是將兩個小孩對調。十多年後，阿司提阿格斯發現居魯士二世仍活著，卻又擔憂這個人若為其他國家效勞，是否會發生過去夢境中的事

圖8：居魯士二世（圖正中站立者）打敗阿司提阿拔斯（圖左被押扣者）

情，因而就讓他回到了岡比西斯一世家中。居魯士二世存活、成長、執政的過程，一如伊朗神話時代的法利多恩一樣。可能是希羅多德參照了伊朗神話，寫成了居魯士二世的遭遇。

　　往後居魯士二世繼承安善國王，逐步擴張勢力。希羅多德也提到了，阿司提阿格斯不滿哈爾帕哥斯的欺瞞，遂殺了哈爾帕哥斯後來再生的兒子。哈爾帕哥斯對此耿耿於懷，所以在西元前553年聯合了居魯士二世，說服了米底內的反對勢力，罷黜了阿司提阿格斯。大約在西元前550年，居魯士二世軍隊進入了兩河流域，其政治中心設於帕薩爾加德 (Pasargadae)❶，開啟了阿契

❶　這地方有居魯士二世陵寢，為今日伊朗南部的觀光景點，也列入世界文化遺產。

圖 9：帕薩爾加德宮殿遺址

美尼德帝國的時代。此後，居魯士二世逼近了希臘，在大約西元
前 545 年之後也向東進入了中亞地區，甚至是印度北部。在西元
前 539 年攻下巴比倫（約今日的伊拉克南方）之後的碑文寫道，
各方「都在居魯士前叩首，也歡迎他的統治，把他們從水深火熱
的世界中拯救出來」。在近代出土的居魯士二世古代銘文寫道：
「我是居魯士、宇宙之王、安善國之王、安善國王岡比西斯一世
之子。偉大的神把天下各國交在我手上。」

　　其實居魯士二世沒有誇大其詞，阿契美尼德雖然不是西亞地
區第一個強大勢力，但無論先前的埃蘭、亞述、巴比倫等，版圖
都沒有如阿契美尼德一般橫跨亞洲。阿契美尼德的領土往南跨過
波斯灣，抵達阿拉伯半島。現在阿拉伯人要將波斯灣「正名」為
「阿拉伯灣」(Arabian Gulf)，畢竟他們並不是七世紀伊斯蘭出現
之後才有影響力，也可能在阿契美尼德之前，這個海灣本來就是

他們的勢力範圍，只是目前主流史觀並沒有提到這段歷史，而伊朗人在後來建立了龐大的帝國，以致於至今日都稱之為波斯灣。西元前六世紀中葉之後，阿契美尼德，即伊朗人創立的帝國，首次將西亞與中亞整合起來。在這個人們的「世界史觀」尚小的時代，阿契美尼德等於代表全世界了。

二、巴爾迪亞「政變」到大流士「政變」

甫登上「世界之王」沒多久的居魯士二世，卻於西元前529 年去世❷，其子岡比西斯二世 (Cambyses II) 即位，把政治中心遷至蘇撒。岡比西斯二世比其父親更有世界之王的姿態，因為幾年後阿契美尼德的勢力進入埃及。希羅多德寫道，岡比西斯向第二十六王朝的法老 (Pharaoh) 亞賀摩斯二世 (Ahmose II) 提出迎娶他女兒的要求，表現出要給予埃及「恩賜」，藉著婚姻方式停止戰爭。但最終這婚事沒有談成，導致伊朗進軍埃及。西元前 525 年，

圖 10：居魯士二世陵墓旁石柱寫道，他是「阿契美尼德的繼承者」

---

❷ 居魯士二世之死有不同說法，例如在中亞戰死，也可能是病死。

在新任法老普薩美提克三世 (Psammetique III) 在位時，埃及被伊朗征服。自此到西元前 404 年，埃及的第二十七王朝就是在伊朗掌握之下，這也是伊朗第一段治理埃及的時期，此時的伊朗國王擁有埃及法老的身分。

在居魯士二世拿下巴比倫後，曾稱自己是「巴比倫之王、萬王之王 (Shahanshah)」，此時岡比西斯二世稱自己：「埃及法老、萬王之王」。學者蒲慕州引述當時埃及人說：「所有外邦的偉大領袖甘比西斯（岡比西斯二世）進入了埃及，所有外邦的人都追隨他。當他征服了這個國家，他們在此駐留，他成為埃及的偉大統治者和所有外邦的偉大領袖。」不過，有傳言說道，岡比西斯二世在進入埃及之後，便將亞賀摩斯二世的木乃伊挖出來放火燒掉。希羅多德寫道，對伊朗人來說火就是神，這應該是與瑣羅亞斯德的習俗有關。但埃及認為火是野獸，沒有任何死屍會交給野獸吞噬。岡比西斯二世的作為，對埃及來說是極大的汙辱。其實希羅多德的說法沒有其他佐證資料，而且他以希臘人的身分寫下他所觀察到的事情，很可能受到個人主觀意識的影響，更何況這些事情寫於伊朗與希臘敵對的時期，希羅多德其實在很多段落中都極盡所能地批判伊朗人。但也有些後人研究提到，岡比西斯二世為了讓自己更有作為法老的正當性，他向埃及神祇獻祭，也重用當地貴族、保障人民生活自由。蒲慕州寫道：「只要外來的統治者能接受埃及傳統王權的觀念，使用傳統法老名號，履行宗教儀節，就可以為埃及所接受。」但無論如何，岡比西斯二世為外來勢力，埃及人之中肯定有人認同、有人反對、也有人無意見。

諸多正反資料不盡然能夠給予後人明確的定論，但若岡比西斯二世對埃及有較為毀滅性的影響，其實就是他基於政治意圖，必須以強硬手段壓制這個北非地區的大勢力，才能證明自己更有資格作為「世界之王」。

　　岡比西斯二世尚停留在埃及的時候，伊朗本土發生政變。西元前 522 年，岡比西斯二世遭其弟巴爾迪亞 (Bardiya) 罷黜。這應是長年征戰、君主幾乎不在政治中心，導致出現權位空虛的問題。希羅多德說，其實發動政變的並非岡比西斯的弟弟，而是同樣名為巴爾迪亞的祭司（長相相似），與其兄長岡比西斯（也與岡比西斯二世同名），一同發起政變。但後來有史料指出，岡比西斯二世早已殺了他的弟弟，而且沒有人知道，所以才讓同名、又有點權力的祭司可以操弄政權。而這次的假巴爾迪亞政變，在七個月後遭人識破。但假巴爾迪亞似乎並不是真的與巴爾迪亞同名，在後來的史料也說，那個人的名字其實是「高墨達」(Gaumata)。只是沒有其他史料佐證，以致於無從瞭解這件事的真偽。這一年，岡比西斯二世來不及回到伊朗本土便在路途中去世。接掌政權的人，並不是來自於阿契美尼德家族，而是伊朗貴族之間推舉出的領導人大流士一世。

　　關於這場莫名其妙的巴爾迪亞政變，前文提到「後來的史料」，那份史料就是上一章提過的《畢索頓銘文》，記錄了大流士一世當政之後多次戰爭的豐功偉業。這樣的史料透露出一個可能的事實：居魯士二世去世之後，國王繼承有所爭議，才讓巴爾迪亞趁著兄長岡比西斯二世離開政治中心時，發起政變。但並非只

有巴爾迪亞想要王位，有些貴族也想要在居魯士二世離世之後，爭奪權力。大流士一世等人不滿岡比西斯二世與巴爾迪亞，發起了政變。但是，《畢索頓銘文》則是刻意寫成是在假巴爾迪亞篡位後，「岡比西斯（二世）以自我滅亡而告終」，以此證明此時的政治中心已經無人可靠，也代表只有我大流士一世才有資格處理問題的意涵。很有可能大流士一世捏造了一椿莫名其妙的政治案，讓自己的「篡位」合理化為「穩定政治秩序」。而這銘文之中，也強調大流士向馬茲達祈禱，而且一切成果都是馬茲達的功勞，「阿胡拉馬茲達賜予我這個王國」。有意思的是，大流士一世留下的許多銘文之中，都一再強調這一切是偉大的阿胡拉馬茲達賜福，是否也透露出自己內心的不安❸？

　　不過，過去居魯士二世征服的地方，此時也都掀起了反抗運動，巴比倫便是一例。希羅多德寫道：大流士一世出兵征討，但屢攻不下；巴比倫人甚至說：「等騾子產子的時候，你們才能攻下我們的城市。」因為巴比倫人認定騾子不會產子，所以發此狂言。然而，在大流士一世圍攻巴比倫的第二十個月時，伊朗軍隊

---

❸　在大流士陵寢 (Naqsh-e Rostam) 的刻文寫道：「感謝阿胡拉馬茲達，讓我的疆域從伊朗到了……印度，還有巴比倫、亞述、阿拉伯、埃及、衣索比亞 (Ethopia) 等地。」當中還宣示了大流士一世的正義形象：「感謝阿胡拉馬茲達，我代表正義對抗著邪惡勢力，不允許有強弱之間的爭執，一切都要有公平正義。」另外，在蘇撒也有一片碑文寫道：「感謝阿胡拉馬茲達，我讓一切變得完美，過去各地的叛亂、對立，現在已經停止，各得其所。人們敬畏我的法律，強者再也不會欺凌弱者。」

圖 11：波斯波里斯宮殿遺址

之中竟有頭騾子生產了，伊朗也就順利攻進巴比倫城。西元前
518 年起，大流士一世興建波斯波里斯 (Persepolis) 宮殿❹。他也
花了幾年的時間整頓局勢，加強軍隊在各地的調度與控制，也讓
原本聯繫各地的交通要道更加順暢。大流士一世也是埃及法老，
所以他修築在西元前七世紀末沒有完工的蘇伊士運河❺。一直

---

❹ 從希臘文來看，波斯波里斯就是「波斯的城市」，但在伊朗當地則是
　名為「賈姆西德的天下」(Takht-e Jamshid)，現在是伊朗法爾斯省的重
　要觀光景點。在七世紀伊朗進入伊斯蘭時期之後，政治中心並不在此，
　而宮殿裡各式各樣的圖騰、雕刻，都有違一神信仰「不可偶像崇拜」
　的基本原則，所以現在可以看到大流士一世宮殿有許多應該「有頭有
　臉」的雕像，都已經只剩下身體的部分了。
❺ 十九世紀法國人在埃及興建蘇伊士運河的想法，也是基於歷史上這道

到西元前 404 年大流士二世 (Darius II) 去世，埃及才脫離伊朗掌
握。但過了半個世紀後，西元前 343 年，伊朗國王亞達薛西斯三
世 (Artaxerxes III) 再度征服埃及，直到西元前 332 年阿契美尼德
瓦解為止。

三、伊朗帝國與猶太人

　　從阿契美尼德帝國建立以來，到大流士一世才算是穩定局
面，但在各地的管理，其實居魯士二世就展現出所謂寬容的政
策。最直接的證據，就是《舊約聖經》裡〈歷代志・下〉、〈以
斯拉記〉、〈以賽亞書〉寫到耶路撒冷聖殿重建一事。在中文《舊
約聖經》新標點和合本中，居魯士二世譯為「塞魯士」（有些版
本寫作「古列」），大流士寫為「大利烏」。不少猶太人曾被巴比
倫國王尼布甲尼撒二世 (Nebuchadnezzar II) 擄走，現在他們的子
孫在居魯士二世時期得以回到耶路撒冷。〈歷代志・下〉第 36
章第 23 節寫道耶和華下詔通告：「波斯王塞魯士如此說：耶和
華——天上的神已將天下萬國賜給我，又囑咐我在猶大的耶路撒
冷為他建造殿宇。你們中間凡作他子民的，可以上去，願耶和華
——他的神與他同在。」〈以斯拉記〉第 1 章第 3 節寫道：「在
你們中間凡作他子民的，可以上猶大的耶路撒冷，在耶路撒冷重
建耶和華——以色列神的殿。」在〈以賽亞書〉第 45 章第 1 節

　　運河在促進商貿發展有很大的功用。但十九世紀之後國際間關係緊
　　密，對該運河的政治角力更加頻繁，導致 1956 年埃及、英國、法國、
　　以色列為了蘇伊士運河的掌控權而爆發戰爭。

寫道：「我——耶和華所膏的塞魯士，我攙扶他的右手，使列國降伏在他面前。」

　　阿契美尼德打破中亞與西亞局勢，使得整個區域都在伊朗勢力範圍之內。既然是這地區首次有這麼大的勢力出現，也就代表過去沒有人有治理大範圍區域的經驗。居魯士二世讓巴比倫的猶太人回歸巴勒斯坦，也重建聖殿，並非重視這個族群與其思想，而是要藉著獲得猶太人的認可，讓伊朗在巴勒斯坦的管理更加便利。固然一國君主都會追求全民福祉，但其中若有政治算計也是必要的考量。居魯士二世對猶太人的友好，對於猶太人來說當然很重要，這必然是猶太歷史能夠延續的重要時刻，若沒有伊朗對於猶太人的特殊照顧，後期可能很難看到猶太人在巴勒斯坦繼續生存。居魯士二世對於猶太人的態度，也是創造了往後世界歷史發展的一個面向。不過，居魯士二世的政策對巴勒斯坦情勢也不完全有利，因為在許多研究中提到，從伊朗回到巴勒斯坦的猶太人，與沒有離開過的猶太人，就出現了「回歸派」與「在地派」的衝突，這也是居魯士二世沒有經驗的結果。

　　在伊朗國王亞達薛西斯一世（Artaxerxes I，西元前 464 ～ 424 年）時期，猶太人之間對於修築聖殿一事有不同意見，有人上告亞達薛西斯一世，以致於聖殿被勒令停建，一直到大流士二世 (Darius II) 登基第二年（西元前 422 年）才恢復重建工作。那時，猶太人向大流士二世請願繼續聖殿重建工作，「現在王若以為美……看塞魯士王降旨允准在耶路撒冷建造上帝的殿沒有，王的心意如何？」結果，果然有一卷公文寫道：「塞魯士王元年，

圖 12：耶路撒冷聖殿，由十九世紀法國人 Charles Chapiez 所繪

他降旨諭到耶路撒冷上帝的殿，要建造這殿為獻祭之處。……經費要出於王庫……尼布甲尼撒王從耶路撒冷的殿中掠到巴比倫的，要歸還帶到耶路撒冷的殿中，各按原處放在上帝的殿。」於是，大流士二世下令繼續建聖殿。他說道：「不要攔阻上帝殿的工作，任憑猶大人的省長和猶大人的長老在原處建造上帝的這殿。……若有王和民伸手更改這命令，拆毀這殿，願那使耶路撒冷的殿作為他名居所的上帝將他們滅絕。我——大流士降這旨意，當速速遵行。」❻大流士在位的第六年，聖殿修建完成。

其實，阿契美尼德肯定不是只照顧猶太人，對於其他族群必然也採用相似的策略，以求各地能夠安穩。但因為目前這方面的史料付之闕如，上述史料也只是《舊約聖經》的內容，所以這樣的資料只能是作為對這段歷史解釋的一個參考，期待往後有更多的史料出土，讓這時期阿契美尼德帝國的西亞政策更加清晰。

---

❻　〈以斯拉記〉第 5 章與第 6 章。

第二節　伊朗與希臘的戰爭

一、希臘：伊朗世界的最後一塊拼圖

在大流士一世的伊朗帝國囊括了亞洲與埃及後，看來要讓「世界地圖」更完整一點的話，就剩下巴爾幹半島 (Balkans) 上的希臘了。西元前 513 年，伊朗大軍已拓展到博斯普魯斯海峽 (Bosporus) 以及色雷斯 (Thrace) 地區。大流士一世又繼續一路跨過拜占庭 (Byzantine)，然後進入色雷斯地區。希羅多德寫道：「在波斯人眼裡看來，亞細亞和居住在這的所有異邦民族都是屬於自己的。」希羅多德的觀點沒有錯，在這時代「世界」毋庸置疑就是伊朗人的。由於希臘正處於政變危機之中，有寡頭派與民主派的對立，而寡頭派前來尋求伊朗協助。對伊朗來說，這裡有動亂，也是自己的責任。

不過，希羅多德都是以負面的角度來寫伊朗人，每當伊朗軍隊在控制了一些城市之後，「他們便把最漂亮的男孩子選了出來，把這些孩子的生殖器割掉，從而使他們不能成為男子而成了閹人，至於那些最美麗的女孩子，他們則把她們帶到國王那裡去。」伊朗軍隊會把各地神殿與城市燒毀，也會奴役所有他們征服的人。在希羅多德筆下，伊朗就是殘忍的外來侵略者。西元前 493 年，大流士一世繼續往希臘本土雅典 (Athen) 進逼。這次伊朗軍隊僅在陸地有斬獲，在海戰中船隻卻遭到颶風襲擊而沉沒。

最後，軍隊只好退回亞洲地區。490年，大流士一世再次挑戰進入雅典東北部的馬拉松 (Marathon) 平原。伊朗再次戰敗之後，雅典搖身一變成為希臘的保衛者。這時從戰場要回雅典報告勝利的士兵，快跑穿越整個馬拉松平原，報告完消息後筋疲力竭而死❼。就在伊朗戰敗的情況之下，西元前486年埃及爆發暴動，大流士一世正好於此時去世，一切責任由其子薛西斯一世 (Xerxes I) 承擔。

西元前484年到481年，薛西斯一世平定了埃及，隨後又把矛頭對準希臘，開啟伊朗第三次對希臘的征討。其實，伊朗對雅

圖13：馬拉松戰役場景

---

❼　在1896年的奧林匹克運動會之中，將長跑運動「馬拉松」訂為相當
　　重要的運動項目。

典的戰爭一開始很有成果，但薛西斯一世的叔父卻警告他，「土」
與「海洋」會是他的致命傷，因為若他的軍隊真的無人能擋，那
這麼廣大的土地會讓人迷失了，任何人都不會充分滿足於自己所
得到的成果。而眼下沒有夠大的海港可以容納伊朗的海軍，若是
有狂風暴雨，海軍可能就會受到天氣的影響了。薛西斯一世回覆
說，現在是一年中最好的季節，我們的補給是很充裕的，各地糧
食也都會運到我們這裡，只有「巨大的危險才能成就偉大的功
業」。薛西斯一世立即將他的叔父送回蘇撒，很顯然他不願意這
樣的人繼續待在這次的征伐當中。伊朗對雅典的進攻，是箭在弦
上不得不發，豈能容許任何不甚肯定的聲音。就算他的叔父講的
是實話，卻可能會讓薛西斯一世難堪。

　　薛西斯一世出征之前，對軍士官說道，他要在居魯士、岡比
西斯、他父親大流士的基礎上，繼續發揮伊朗的榮光。於是，他
決定要進軍雅典，懲罰他們過去對伊朗所犯下的罪刑，也是完成
他父親的遺願，「太陽所照到的土地便沒有一處是在我國疆界以
外了」。可見，當時伊朗認為希臘不僅是世界「最後一塊拼圖」，
也可能就是世界的盡頭。薛西斯一世睡夢中也夢到有人說：「如
果連神都注定要雅典毀滅，那就沒有什麼好猶豫的了。」雅典人
除了整軍經武準備交戰之外，也派遣間諜去探查伊朗的情況。這
些間諜在伊朗軍隊中遭到逮捕，但薛西斯一世並沒有殺掉他們，
他認為處死他們並不能影響大局，反而該放了他們，讓他們回去
稟報伊朗有多強大，也許雅典就自己投誠了。這是希羅多德之
語，他將薛西斯一世形容成固執己見、驕傲自大又略帶迷信的

昏庸國王。結果，幾年下來，伊朗軍隊無論海戰或者陸上戰場
都一敗塗地。直到西元前 449 年，伊朗軍隊在歐洲已經完全被驅
離。希臘這世界拼圖的最後一角，終究沒有完成。

二、亞歷山大東征

在對伊朗戰爭結束之後，希臘也有內部政治權力的鬥爭，雅
典與斯巴達 (Spartacus) 的交戰，反而都想拉攏伊朗一起剷除對
手。斯巴達在伯羅奔尼撒戰爭 (Peloponnesian War) 之後，一度作
為希臘盟主，但隨後與伊朗成為競爭對手，最終於西元前 386 年
簽署和平條約，伊朗擁有亞洲部分，而斯巴達人必須退回希臘。
此後，伊朗經歷過多次地方叛亂，儘管一一平定，但阿契美尼德
已經是強弩之末了。

此時，希臘地區的馬其頓王國 (Macedon) 勢力崛起，出現了
後世讚揚的君主亞歷山大 (Alexander)。他的出生是則神話，是
其母親奧林比亞絲 (Olympias) 與蛇交媾後所生。傳說亞歷山大
並非馬其頓人，而是埃及第三十三王朝法老王內克塔內布二世
(Nectanebo II) 之子，但他從埃及逃亡到馬其頓了。這可看出埃
及在古代歷史中占有的重要性，有學者認為猶太人源自於埃及，
新舊約《聖經》都與埃及脫離不了關係，也有不少研究強調東地
中海與埃及文明存有緊密連結❽。伊朗兩次掌控埃及，也是代表

---

❽ 美國學者貝爾納 (Martin Bernal) 的著作《黑色雅典娜》(*Black Athena*)
便是論述亞非兩洲關係密切，是古典文明的發源地。

這裡對鄰近強權來說，有提高國家實力的作用。於是，亞歷山大傳記的作者，若把他的出生賦予埃及的根源，應有提高他在東地中海與西亞地區歷史地位的意涵。

阿契美尼德對於希臘地區有相當長久的壓力，西元前 336 年亞歷山大繼任馬其頓國王，有意對伊朗開戰。伊朗也正值政權交替時期，原本的國王亞達薛西斯 (Artaxerxes III) 去世，由大流士三世 (Darius III) 即位。西元前 334 年，馬其頓與伊朗的戰爭展開，伊朗節節敗退，最後大流士三世僅能固守巴比倫地區。希臘史家阿里安 (Arrian) 在《亞歷山大遠征記》(Anabasis Alexandri) 裡寫道，大流士三世集結了六十萬大軍，從巴比倫向北前進準備迎戰亞歷山大。西元前 333 年，兩軍在今日敘利亞 (Syria) 西北方的庫魯凱河 (Kuru Cay or Payas River) 交戰，馬其頓擊潰了伊朗軍隊，稱為伊索斯戰役 (Battle of Issus)。

大流士三世曾向亞歷山大求和，希望能夠求取和平，但亞歷山大拒絕。阿里安寫道，亞歷山大向大流士三世說：「你應當尊我為亞洲霸主前來拜謁。……只要我認為你提的要求合理，就都可以給你。將來，不論你派人來還是送信來，都要承認我是亞洲的最高霸主。不論你向我提出什麼要求，都不能以平等地位相稱，要承認我是你一切的主宰。」由此可見，亞歷山大表現出要擔任「亞洲之王」的心態，已然不承認伊朗過去為亞洲霸主的身分。而且他也認為，是伊朗向希臘挑起戰爭，現在伊朗戰敗是「天意」。若在氣勢正盛的情況下接受和談，亞歷山大肯定無法滿足整個軍隊要四處征伐的企圖心。

圖 14：義大利龐貝古城出土的馬賽克鑲嵌畫，描繪伊索斯戰役情景，
左方穿胸甲、騎馬者為亞歷山大，右方駕戰車者為大流士三世

　　對於亞歷山大而言，要消滅萬惡伊朗，就必須把整個阿契美
尼德剷除。拿下埃及，也是剷除瑣羅亞斯德毒瘤的步驟之一。在
伊索斯戰役之後，亞歷山大於西元前 332 年年底順勢進入埃及。
亞歷山大相當受到埃及的歡迎，畢竟埃及人對於伊朗先後兩次的
入侵早已不滿。亞歷山大為了不想讓埃及人認為自己是外來侵略
者，所以比起阿契美尼德，更加表現出他是為了守護埃及而進入
埃及。於是，亞歷山大在孟斐斯 (Memphis) 祭拜眾神，表示他會
比阿契美尼德更加尊重當地各項特色。不過，這必須要看是哪一
方的史料。祭拜埃及眾神的作法，肯定也會有埃及人批判亞歷山
大「作秀」。

　　亞歷山大所到之處，都讓既有的行政首長留任，並沒有完全
由馬其頓人掌握。西元前 331 年 10 月，亞歷山大在高加米拉戰

役（Battle of Gaugamela，近今日土耳其東南方與伊拉克東北方交界處）擊退大流士三世，馬其頓軍隊進入巴比倫地區。他對於當地傳統也表示尊重，一樣也是要說服當地人他可以作為巴比倫的領導人。這看似顯露出亞歷山大治國的智慧或者彈性政策，但也不必太過於吹捧亞歷山大，他必然考慮到自己無論如何都是外來者，過去也沒有管理如此龐大領土的經驗，若不顧各個征服地既有的傳統與習慣，必然遭到反撲。而這樣的作法，其實阿契美尼德時期就做過了。從歷史發展的脈絡來看，在阿契美尼德出現之前，中亞到西亞這一區域並沒有極大的帝國。當伊朗勢力逐漸往外擴大之後，為求管轄的便利，就必須盡可能維持各地原本的風俗習慣。因此，亞歷山大只是延續了前朝的政策而已。

第三節　亞歷山大帝國的「東方化」與「希臘化」

一、真正的世界之王

　　西元前 331 年年底，馬其頓軍隊抵達蘇撒，隨後再進入波斯波里斯。西元前 330 年，大流士三世在中亞地區遭到反對勢力殺害，阿契美尼德正式走入歷史。西元前六世紀末以來的伊朗與希臘戰爭，終於在這時期結束了。戰爭結束之後，確立了亞歷山大在「世界」的領導地位。亞歷山大的「世界」，比起阿契美尼德更加完整，因為亞歷山大擁有希臘地區，而這是阿契美尼德的「世界地圖」中沒有拼完的那一塊。

　　許多研究雖然提到亞歷山大帝國時期亞洲的「希臘化」，但其實對於亞歷山大來說，做為東方的君主可能才是掌握世界最必要的部分。上文提到亞歷山大要作為「亞洲之王」的企圖，代表占有亞洲比起在希臘稱霸來得有價值，「東方化」可能才是亞歷山大的理想目標。以他表現出來的行為，例如他時常穿著伊朗風格的服飾、喜愛伊朗女性，也鼓勵他的將領與東方女子結婚，都可以作為證明。2004 年的美國電影《亞歷山大帝》(*Alexander*)後半段的劇情就是如此，亞歷山大想要長期待在東方，也娶了東方的妻子，但他的官員與部屬卻想要回家。換句話說，亞歷山大認為東方就是他的家，掌握東方等於掌握世界，可是其他人並不這麼認為。

　　這也可以看到「東方」對於亞歷山大的吸引力，而這就是阿契美尼德一統了東方世界，成為亞歷山大這個「後繼者」想要追尋的典範。阿契美尼德掌握了哪些地方，亞歷山大他也全都要。於是，亞歷山大建立的帝國，跨越了東南歐與北非區域，絕大多數的領土都在中亞與西亞，他既是伊朗的領導人，也是埃及法老。有些研究認為亞洲在亞歷山大帝國時期有希臘化的趨勢，而希臘化有「世界主義」的特質，用意在凸顯希臘文化的優越性。但是，若沒有亞歷山大的擴張、沒有亞歷山大要作為東方君主的企圖心、沒有把希臘勢力帶入伊朗地區，希臘文化應該難以進入東方世界。

　　此外，亞歷山大相當仇視阿契美尼德，他甚至燒掉了波斯波里斯，這是終結阿契美尼德最終極的表現，畢竟這裡是近兩個世

紀以來伊朗的政治中心，摧毀這裡具有象徵性的意涵。而亞歷山
大燒毀了《阿維斯塔》，也是斬斷伊朗歷史與文化存續的根基。
對於亞歷山大來說，過去阿契美尼德帝國的勢力已經擴張到他們
的門口，等於門外只有「伊朗」這樣的「世界」，那唯有擊敗這
個萬惡的伊朗，斷了伊朗的根，才有可能消除這個威脅。不管亞
歷山大有沒有要把亞洲「希臘化」的理想，也不管他有沒有要「東
方化」的念頭，最基本的工作應該就是把阿契美尼德完全消滅，
完全符合「欲亡其國，必亡其史」的意思。

　　以那時候的「世界觀」來看，阿契美尼德一統天下，隨後亞
歷山大也走上同樣的路線，這大概就是那個時代的「全球化」。
可借用哈拉瑞的文字解釋：「（居魯士的帝國）這種嶄新的帝國
思想，從居魯士和波斯人，傳給了亞歷山大大帝，再傳給希臘國
王、羅馬皇帝、穆斯林哈里發、印度君主。」於是，伊朗創造了
世界局勢，阿契美尼德的建立是個關鍵起源，亞歷山大則是將之
發揚光大。

二、亞歷山大與猶太人

　　亞歷山大與巴勒斯坦的猶太人，也有一點點關係。猶太
史家約瑟夫 (Flavius Josephus) 在《猶太古史記》(*The Jewish
Antiquities*) 寫到的亞歷山大，有一部分的猶太人不願意受他控
制，但也有些人願意接受他的領導。約瑟夫寫道：「亞歷山大進
入敘利亞，取得大馬士革、占領西頓 (Sidon)、圍攻推羅 (Tyre)。
同時，他送了一封信給猶太人的大祭司，要他派一些支援軍來，

供應他們軍隊所需的補給品，還要將以往對大流士三世的進貢轉給亞歷山大。如果他願意選擇與馬其頓人為友，將永不後悔。」但是，大祭司回覆說，他已對大流士三世發過誓不會對他用兵。這樣的回答，令亞歷山大相當憤怒。

有些猶太人願與亞歷山大靠攏，約瑟夫說：「當時大祭司命所有人一起告神，與他一起向神獻祭，懇求神保守這民族，將他拿出勇氣裝飾這城並開啟城門，所有民眾要穿白衣，他和眾祭司則要按禮儀穿著，依序去見王，不要害怕會有任何不幸的後果，因為神必眷顧不讓這些事發生。他一醒來就因此歡喜快樂，並將夢裡由神而來的指示一一告訴大家並完全遵行，以此方式等待王的駕臨。」這些願意跟隨亞歷山大的猶太人，在仇視亞歷山大的猶太人眼中，就是「猶太奸」。約瑟夫繼續寫道：「當亞歷山大遠遠看到眾民身穿白衣，眾祭司身穿細麻衣，大祭司頭戴冠、身穿紫色紅色衣服、手執著神名的金盤，他就親自上前向大祭司致敬，也向神的名致愛慕之意。所有猶太人也同聲向他致敬，並在四圍環繞著他。」亞歷山大說：「當我在馬其頓……時，就已在夢中見到過他，穿著現在這身衣服。那時我心裡正想著，要如何取得亞西亞（即亞洲）這塊領土，他就勸我勇敢前往海的彼岸，不要耽延，因為他會領導我的軍隊，將波斯的領土交付予我。從那時起，我從未見過如此穿著的人，直到現在看他穿著這樣的服飾，才使我想起以前的夢境及勸導。我相信是神在指揮我領軍，因此我才能勝過大利烏（大流士三世），消滅波斯國，成就我的心願。」

　　約瑟夫也寫道，猶太人又拿了「〈但以理書〉給他（亞歷山大）看，書中但以理預言有一位希臘人將會毀滅波斯帝國，亞歷山大認為自己就是那人。他因此非常高興，解散了群眾」。查看《舊約聖經》的〈但以理書〉，第 11 章寫道：「波斯還有三王興起，第四王必富足遠勝諸王。他因富足成為強盛，就必激動大眾攻擊希臘國。必有一個勇敢的王興起，執掌大權，隨意而行。」這位「勇敢的王」，看來就是指亞歷山大。不過，〈但以理書〉僅僅是文字敘述像是「預言」，可是其成書時間頗具爭議，一說是西元前六世紀，另一說是西元前二世紀。若是在亞歷山大死後才成書，這其中肯定不少穿鑿附會，而不是預言了。

三、塞琉古與伊朗

　　亞歷山大的東征，到了今日阿富汗與印度之間，變得相當艱辛。馬其頓軍隊抵達印度河時，適逢雨季，豪雨導致河川暴漲，馬其頓人完全無法適應亞洲環境。由於印度的挫敗，使得亞歷山大也得掉頭返回蘇撒。然後，他的下一步是要繞阿拉伯半島一周。只是他突然病倒，於西元前 323 年 6 月去世。隨後，亞歷山大帝國就分裂了。他並未指定繼承人，而且馬其頓王室中也沒有人能夠繼承。在這樣的情況下，擁有軍事武力將領最有能力爭取權位，於是形成了馬其頓的安提哥納王國 (Antigonid Kingdom)、在埃及的托勒密王國 (Ptolemy Kingdom)，以及在亞洲的塞琉古王國 (Seleucid Kingdom)，三強競爭的局勢。

　　在這幾個王國之中，塞琉古的勢力範圍大致在伊朗地區，

也維持住亞歷山大帝國在印度北部的優勢。儘管印度的孔雀王朝 (Maurya Empire) 也很強勢，但雙方在西元前 306 年簽署和平條約，塞琉古讓出許多印度河流域的領土，換來五百頭大象以加強軍事力量。由於東方邊界底定，塞琉古得以好整以暇整頓勢力範圍西側的敘利亞地區。西元前 293 年，塞琉古之子安條克 (Antiochus) 掌管伊朗東部，隨後當塞琉古繼續西征時，形成「塞琉古—安條克」體系的塞琉古王國。西元前 281 年，塞琉古勢力還越過了達達尼爾海峽 (Dardanelles)，幾乎要拿下馬其頓。沒人想到，塞琉古卻在西元前 281 年遭到下屬殺害。可見亞歷山大去世之後，政局變化過大，馬其頓人在內耗之下，使得不少人認為唯有除去上層政治人物才能消除心頭之恨。

　　前文提到的安條克，此時登基，成為安條克一世。很快地，

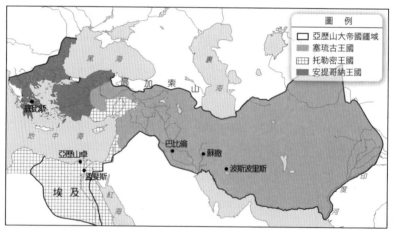

圖 15：亞歷山大死後，帝國分裂為馬其頓的安提哥納王國、亞洲的塞琉古王國、埃及的托勒密王國

塞琉古王國就出現了內戰問題，尤其是西部地區的總督並不認同
這位東方出身的新領導人。埃及托勒密也在這時候加入戰場，把
勢力擴大到敘利亞。亞歷山大在東征之後征服的伊朗與埃及，雖
然都在馬其頓人掌握之下，卻形成相互競爭的狀態。西元前 253
年塞琉古與托勒密的戰爭結束，但這僅是暫時的情況，西元前
245 年戰事又起，敘利亞地區讓托勒密拿走。後來在西元前 200
年，塞琉古王國才終於取得勝利。不過，埃及勢力衰退之際，占
有大伊朗地區的塞琉古，開始得面對新的挑戰，也就是從歐洲來
的羅馬(Rome)，而且還有一些伊朗勢力等「被壓迫者」的反撲了。

Iran

第 II 篇

伊朗帝國 2.0 與伊斯蘭帝國崛起

第三章 | *Chapter 3*

東西對峙的局面

第一節　帕提安帝國的東西拓展

一、重建伊朗

　　亞歷山大帝國分裂之後，馬其頓的安提哥納王國雖掌有希臘地區，但也受到了歐洲羅馬的威脅，於西元前 197 年被併入羅馬的勢力範圍。同時，塞琉古與托勒密在西亞爭霸。在西元前 274 年到 271 年，塞琉古與托勒密打了第一次的敘利亞戰爭，西元前 259 年到 253 年，又打了第二次的敘利亞戰爭。在西元前 245 年到 241 年的第三次敘利亞戰爭，塞琉古的防守遭到托勒密突破，巴比倫地區為埃及軍隊占領。這一戰敗導致塞琉古內部失和，塞琉古二世 (Seleucus II) 與其弟安條克鏖戰，導致馬其頓在東方開始喪失權威性。

圖 16：刻有阿薩息斯一世頭像的錢幣

約莫於西元前 247 年，也就是第二次敘利亞戰爭之後，裏海東部的帕提安 (Parthian) 勢力已逐漸興起，領導人阿薩息斯一世 (Arsacid I) 自立為王。儘管這是帕提安的元年，但並非就此建立帝國，反而往後還有很長一段時間，帕提安仍然持續與塞琉古對抗。塞琉古二世壓制帕提安無功，畢竟塞琉古屬於外來征服者，雖然自亞歷山大以來，馬其頓人治理伊朗地區已有很長一段時間，但肯定「被征服地」仍會存有對征服者的不滿情緒。西元前 231 年，阿薩息斯一世擊退塞琉古軍隊，恰巧塞琉古的安條克叛亂，迫使塞琉古二世與阿薩息斯一世簽署和平條約。阿薩息斯一世的地位，對於當時候伊朗地區的人而言，彷彿是古代的居魯士二世。不過，其實在這份和約之後，阿薩息斯一世的影響力還是侷限在帕提安地區，也代表塞琉古仍比較有影響力。西元前 217 年，阿薩息斯一世去世，其子阿爾塔巴努斯 (Artabanus) 開始拓展勢力。西元前 211 年，塞琉古的安條克三世 (Antiochus III) 予以回擊，但雙方在西元前 209 年達成協議，暫時都沒有取得進一步的優勢。

西元前 175 年，塞琉古擊敗托勒密軍隊而終於進駐埃及。然而，拿下埃及卻也沒讓塞琉古增加實力。西元前 164 年安條克四世 (Antiochus IV) 去世後，塞琉古也失去了先前的權威性，此時對帕提安而言就是大舉西進很好的機會。西元前 148 年，帕

提安已經拓展到了兩河流域，於西元前 141 年，正式取代了塞琉古在這區域的代表性，政治中心定於今日巴格達 (Baghdad) 東南方的泰西封（Ctesiphon）。領導人密特里達特斯一世 (Mithridates I)，便是為帕提安「帝國」的創建人。塞琉古的殘餘勢力想要重振威風，卻已於事無補。

圖 17：刻有密特里達特斯一世頭像的錢幣

帕提安在西元前三世紀中葉開始崛起，用了將近一世紀時間對抗塞琉古，可見儘管塞琉古勢力正在衰微當中，但帕提安也不盡然能夠立即取得優勢。

　　密特里達特斯一世死於西元前 132 年，其子弗拉阿特斯二世 (Phraates II) 繼位之後繼續拓展勢力，也繼續追擊塞琉古的殘餘勢力，逼使塞琉古完全退出伊朗地區，兩河流域成為弗拉阿特斯二世的掌握之地。大約西元前 124 年，帕提安的勢力已經達到了接近阿契美尼德帝國一樣的疆域範圍。後來即位的密特里達特斯二世 (Mithridates II)，更加穩定了帝國的疆界。而有些研究提到，儘管帕提安得以取得塞琉古，但並不代表他們可以完全主導西亞地區的發展。前文提到帕提安向西取得了兩河流域與更遠的敘利亞，其東部勢力到達木鹿，即阿姆河 (Amu Darya) 一帶。《史記・大宛列傳》記載，約西元前 138 年，漢武帝時期張騫出西域時，已對帕提安有初步理解。西元前 115 年，張騫的使節前往帕提安，更提到了「安息王（即密特里達特斯二世）令兩萬騎迎於東界。

東界去王都數千里」。不過，這是中文史料所言，並沒有其他相關資料可以佐證。張騫的使節是否如實陳述情況，或者只是隨意寫寫交差了事，又帕提安是否需要跟漢朝接觸，後人並無法得知。

在希臘勢力影響之下，阿契美尼德帝國時期的瑣羅亞斯德、波斯文字都不再是主流的社會文化，但帕提安試圖再次廣泛使用波斯文、整理瑣羅亞斯德經典《阿維斯塔》，也就是推行所謂「本土化運動」。這是為伊朗地區對於希臘的政治反撲，重新提高瑣羅亞斯德的本土意識形態與特色，便是在塑造伊朗本位，要取代希臘這個外來侵犯者。帕提安的「本土化」，便是讓瑣羅亞斯德與伊朗既有的「傳統」重新復甦，只是還存有希臘化的影響，例如希臘語還是主流語言，而塑像、建築物、希臘名、錢幣刻有國王頭像也是希臘風格，畢竟這是塞琉古建立以來所造成的影響，並非帕提安能夠在短時間內改變的。

二、龍與獅的對望

帕提安在東方崛起，讓希臘勢力幾乎消失殆盡。對於在歐洲的羅馬而言，他們與帕提安之間已經沒有緩衝地區，可能自己就是下一個被帕提安消滅的待宰羔羊。西元前 96 年，雙方使節在幼發拉底河 (Euphrates) 談判，雖然過去沒有針鋒相對過，但眼下的情勢已然不同，無論帕提安有沒有要進入歐洲，羅馬都得瞭解情況，而帕提安方面肯定也必須注意羅馬的動向。此次交涉，雙方畫定幼發拉底河為兩國邊界。

此時羅馬正值三頭同盟時期，內部鬥爭嚴重。三人之中的克

拉蘇 (Marcus Licinius Crassus) 治理敘利亞，自認若能夠贏得對帕提安的戰爭，就有機會征服東方世界，當然也就可以在羅馬成為唯一皇帝。然而，克拉蘇在西元前 53 年對帕提安的戰爭，卻沒有取得優勢，行軍過程也讓諸多軍士官抱怨只是一味前進，沒有充分休息。一場在今日敘利亞北方的卡雷之戰 (Battle of Carrhae)，帕提安的勝出，使得羅馬往後在東方的氣勢受到挫敗，粉碎了克拉蘇要稱霸東方的夢想。西元前 41 年，帕提安國王奧羅德斯二世 (Orodes II) 將勢力拓展到安納托利亞 (Anatolia)，往南則是進入巴勒斯坦。不過，四年之後情勢逆轉，帕提安被羅馬擊退到幼發拉底河。到了西元前 20 年，雙方再次以幼發拉底河為邊界，可見兩河流域成了東西兩大帝國的交界處，雙方都很難往前再進一步。帕提安與羅馬的對峙，形成西亞地區「龍與獅的對望」。

　　西元前 31 年，帕提安陷入王位競爭的窘境。國王弗拉阿特斯四世 (Phraates IV) 受到反對勢力挑戰，被迫離開泰西封而流亡伊朗東北部，但弗拉阿特斯四世又捲土重來，再度坐上國王寶座。這不代表弗拉阿特斯四世就此高枕無憂，反對勢力仍找尋機會逼他下臺。進入西元後的時期，帕提安並未脫離政治動盪的危機。此外，帕提安也面臨東部的問題，例如貴霜王朝的崛起。西元前二世紀約阿姆河流域的大夏國，受到大月氏的侵犯而滅亡。大夏國其中的貴霜翎侯丘就卻 (Kujula Kadphises) 自立為王，也是自稱「萬王之王」❶，建立了貴霜王朝，往後的勢力範圍涵蓋

---

❶　阿契美尼德的居魯士二世稱自己為「萬王之王」，可見在伊朗地區，做為某一勢力的領導者都想要擁有這樣的稱號。

印度河流域、帕米爾高原等地，與中國的東漢朝對峙。丘就卻在西元一世紀初期，不斷吞噬帕提安東部的領土與藩屬，使得帕提安處於東西兩面包夾的窘境。

西元二世紀初，羅馬皇帝圖拉真 (Trajan) 出兵帕提安，於114 年占領了亞美尼亞，而且也進入了兩河流域。不過，羅馬在歐洲征服的地區反抗勢力興起，導致圖拉真難以再把焦點關注在伊朗。到了 117 年，圖拉真雖然曾進入波斯灣地區，但帕提安的反擊使羅馬撤離。其實兩方都死傷慘重，正巧圖拉真在 117 年 8 月病死，新任的羅馬皇帝哈德良 (Hadrian) 遂暫停對帕提安的戰爭。往後雖然仍有小型戰爭，但還是在兩河流域中對峙著。

帕提安歷時多年重建伊朗的勢力，已擺脫了馬其頓的影響力，卻還是難敵羅馬這個新的對手。帕提安雖然如阿契美尼德一般擁有廣大的疆土，但畢竟已經歷過亞歷山大內部分立與鬥爭時期，這區域很難再如阿契美尼德一樣的「一統」，這也讓帕提安的東西方區域特別不穩定。正巧羅馬的政治紛爭不斷，也難以再如亞歷山大時期一樣繼續向東方前進。

第二節　重建「伊朗」的薩珊帝國

一、薩珊時期的伊朗

西元 224 年，在今日伊朗法爾斯省，由阿契美尼德家族後代的阿爾達西爾一世 (Ardashir I)，或稱為亞達薛西斯 (Artaxerxes)

領導的勢力，推翻了帕提安的最後一任國王阿爾塔巴努斯五世 (Artabanus V)，以泰西封為中心，建立了薩珊帝國。傳言阿爾達西爾的祖父薩珊 (Sassan) 是帕提安時期的神廟祭司，逐漸讓這一家族進入政治與軍事階層，例如薩珊之子帕佩克 (Papak) 作為某個軍事要塞的將領，其子阿爾達

圖 18：刻有阿爾塔巴努斯五世頭像的錢幣

西爾便繼承了這個位置。當帕提安各地混亂的時候，帕佩克要求國王阿爾塔巴努斯五世承認他們在地方上的權力，卻遭到拒絕。224 年，阿爾達西爾承襲帕佩克的遺願，在今日伊朗的克爾曼 (Kerman)、伊斯法罕 (Isfahan) 地區四處破壞，再進入胡澤斯坦 (Khuzestan)，直搗帕提安的政治中心泰西封，開啟了以其祖先薩珊為名的薩珊帝國時代。

　　薩珊特別將瑣羅亞斯德定為主要的政治意識形態，也就是「國教」。若不以「宗教」來定義瑣羅亞斯德的話，這時候薩珊所做的就是將瑣羅亞斯德的思想訂為立國的標竿，即往後的政治路線，也標榜這個思想的獨一性。這是帕提安時期就在進行的本土化運動，只是建立的過程之中，處於希臘勢力仍然強盛的時期，故還難以全面「本土化」。在伊朗地區，瑣羅亞斯德曾是主流勢力，只是在亞歷山大時期被壓制，對於薩珊而言，在伊朗地區最可能獲得大家認同的，依然是瑣羅亞斯德，所以薩珊建立勢力的重要工作便是重建瑣羅亞斯德的影響力。若以「重建伊朗」

的角度來看，帕提安是首次嘗試，而薩珊將瑣羅亞斯德設定為「國教」，更加強完成該目標的企圖。

　　早期阿契美尼德時期為何沒有將瑣羅亞斯德立為「國教」？其實是以往並沒有如阿契美尼德那樣強大的帝國，沒有外在勢力挑戰，又需要重視當地文化，可想而知不容易推動特定的意識形態。直到亞歷山大稱霸東方，讓瑣羅亞斯德失去原本的優勢，儘管有帕提安試圖重建伊朗勢力，卻在長年征戰又腹背受敵的情況下，還不見得有足夠的時間穩定政治路線。薩珊再次強調瑣羅亞斯德，必須要有比帕提安更鮮明的「本土化」運動，以確立伊朗價值，才得以對抗任何可能的外來威脅。

　　隨後薩珊確實開始壯大，阿爾達西爾也獲得各地支持，連埃及與衣索比亞都承認他的勢力，視他如古早的居魯士二世一樣偉大。此時派到羅馬的伊朗大使，要求羅馬人離開伊朗地區。不過，接下來兩方幾次對戰，都沒有任何成果。阿爾達西爾於 240 年去世，隨後由其子沙普爾一世 (Shapur I) 即位。243 年，羅馬皇帝戈爾迪安 (Gordian III) 進軍薩珊，最後於戰爭時陣亡，即位的菲利普 (Marcus Julius Philippus) 得接受割地賠款的「和平條約」，亞美尼亞 (Armenia) 地區就納入薩珊領土，這也是在羅馬於帕提安時期取得的地方，終於又回歸伊朗人的勢力範圍之中。

　　258 年，薩珊再度擊敗羅馬，皇帝瓦拉里安 (Valerian) 遭俘虜，薩珊軍隊直入敘利亞與安納托利亞。這件事情記錄在大流士二世陵寢的石刻上，伊朗國王沙普爾一世坐在馬上，接受瓦拉里安投降。這時期的薩珊與羅馬在西亞地區對峙著，又呈現帕提安

時期與羅馬占據東西兩端的局勢，西亞的東西對抗已延續四百多年的時間了。到了 309 年沙普爾二世 (Shapur II) 執政時期，薩珊擁有約半世紀的強盛期，以現代流行用語說，這是伊朗帝國 2.0時期。

　　此時在薩珊東方的貴霜仍在，過去帕提安與貴霜的勢力競爭，換成了薩珊與貴霜。薩珊阿爾達西爾一世東征之際，將貴霜納入自己的版圖，後者雖未徹底滅亡，但有史料提到已經臣服於薩珊。這過程之中，貴霜也曾向中國的曹魏請求救援。之後在沙普爾一世時期，已有銘文紀錄了薩珊帝國東部的省分，例如現在伊朗東南部的西斯坦 (Sistan)、現在阿富汗西側的賀拉特 (Herat)、印度、也有一處 Kushanshahr。這個 Kushan 指的就是貴霜，Shahr 以波斯文的意思來說是「城市」的意思，在古代也許代表某個範圍的行政區。由此可見，這時候的貴霜應該已經是薩珊帝國領土內的行政區，而不是自主的勢力了。薩珊帝國的勢力範圍，在四世紀的時候往東發展抵達了印度北部。

二、羅馬的對應

　　在薩珊確立了領土版圖、建立意識形態之際，羅馬也在做一樣的事情。原本羅馬是多神信仰的國家，但對於基督徒 (Christian) 頗多迫害。西元 306 年，當時羅馬分為四個統治者，其中的君士坦丁 (Constantine) 在內戰結束之後取得勝利，開始主導讓基督成為羅馬的政治路線。君士坦丁試圖以基督為國家發展的中心思想，可能是他要摒棄羅馬政治的亂象，而遠方的薩珊強

盛，看來就是因為明確的瑣羅亞斯德路線，所以設定政治路線、尋求帝國生存，是此刻羅馬最急迫的工作。

313 年，君士坦丁頒布〈米蘭詔書〉(*Milan Edict*)，讓基督思想正式合法，也使基督徒有公民權。往後可以看到，君士坦丁藉著「君權神授」、一切是上帝旨意的名義來掌握政權，要求所有人民立即效忠基督。324 年，羅馬帝國統一。對外征戰時，也以《舊約聖經》的開紅海、耶利哥 (Jericho) 城牆倒塌等神話，作為君士坦丁勝利是上帝顯現威力。338 年，君士坦丁在行軍路上，還看到天空中有十字架。

薩珊與羅馬兩方競爭的重心在高加索地區，當羅馬正在壓迫基督徒的時候，薩珊回應的政策是包容各類思想，所以無論猶太、基督、摩尼 (Manichaeism) 都在薩珊境內相當活躍。最特殊的結果就是，兩強爭奪的中間地區——亞美尼亞成了世界上第一個基督國家。在此可看到意識形態的爭奪問題，伊朗雖是瑣羅亞斯德國家，但當其政治對手羅馬正在壓迫基督勢力，伺機給予基督徒寬容的條件，必然帶有讓基督徒更加仇視羅馬的用意。

亞美尼亞的「基督化」，對薩珊來說必然是羅馬在東方勢力範圍崩落的象徵。但是，當羅馬成為基督國家之後，薩珊國王沙普爾二世卻因為擔憂伊朗境內基督徒與羅馬串連起來，開始打壓基督徒。君士坦丁把政治中心放在歐亞交界的拜占庭 (Byzantine)，後稱君士坦丁堡 (Constantinople)，除了有其特殊的地理位置優勢之外，例如可掌握地中海與黑海的交通，也代表他把國家重心放在東方，面對著「邪惡的」瑣羅亞斯德薩珊。羅馬

在四世紀下半葉，曾多次與伊朗交戰，彷彿急著想要用「基督」
這個新的「武器」，要跟伊朗瑣羅亞斯德這個老勢力一較高下。
可以想像這如同第二次世界大戰之後，美國與蘇聯進入「資本主
義」(Capitalism) 與「共產主義」(Communism) 相互圍堵的情況。

　　不過，羅馬與薩珊各有內部隱憂。395 年，羅馬帝國分裂成
東西兩部分。在東部的領土成了所謂東羅馬帝國，由於其政治中
心舊稱為拜占庭，故也稱拜占庭帝國 (Byzantine Empire)，領土
涵蓋巴爾幹半島、安納托利亞、敘利亞、巴勒斯坦、埃及、兩河
流域。至於薩珊，410 年國王亞茲德格德一世 (Yazdegerd I) 開放
基督徒的自由權利，甚至想要重用基督徒。可是在他去世之前，
卻又改變了對基督徒的態度。反反覆覆的立場，也使得不少反對
勢力更加仇視伊朗國王。西亞地區幾世紀的發展下來，出現了
「瑣羅亞斯德」與「基督」兩個意識形態之爭的局勢。但是，在
意識形態尚無法擊敗對方之際，反而各自出現內部的紛爭。

三、東部問題：嚈噠與突厥

　　對於薩珊帝國而言，已經與西側的基督羅馬對峙了很長一段
時間，其東部的問題也頗為困擾。五世紀時，內亞 (Inner Asia)
地區以嚈噠 (Hephthalites) 為主要勢力，其領土東起今日中國的
新疆，西側接近伊朗東部的呼羅珊 (Khorrasan)，南方到了印度。
前文提到的貴霜，殘餘勢力就是在五世紀初亡於嚈噠之手。427
年，薩珊與嚈噠就打過一次戰爭。對於嚈噠而言，西部的伊朗相
當富裕，西征成功可讓其勢力更加強大。但事與願違，嚈噠在木

鹿慘敗。不過，往後薩珊落入東西夾擊的命運，高加索地區挑戰
了薩珊的權威，嚈噠也還有多次對薩珊的戰爭，甚至有些史料顯
示嚈噠視薩珊為其屬國。532 年，薩珊與拜占庭簽訂和平條約，
但往後二十幾年雙方若爆發戰爭時，都是薩珊失利。薩珊正在東
側對抗嚈噠，勢必要對拜占庭簽署和約，以避免一再陷入兩面交
戰的窘境。

　　與此同時，內亞游牧民族突厥的勢力崛起，其領導人伊利可
汗 (Illig Qaghan) 為對抗該地區的強權柔然 (Rouran)，結合中國
的西魏，在 552 年擊敗柔然。但這並不代表突厥就一方獨霸，所
以嚈噠便成了突厥下一個進攻的對象，而薩珊國王庫斯洛一世
(Khosrau I) 也有意要與突厥合作，一同殲滅嚈噠。562 年，嚈噠
就在突厥與薩珊合作之下滅亡。兩方很理想化地簽署協議，約定
以阿姆河為邊界，南方為伊朗所管，北方屬於突厥。這樣的作法
果然很理想化，因為雙方都還是認為有些模糊地帶沒有講清楚，
所以很快地就有爭執。其實中亞地區的貿易本就頻繁，誰作為貿
易大國，誰就能掌握這個通往東西方的重要區域。過去嚈噠要擊
敗薩珊，就是有這樣的想法。

　　突厥為了消滅薩珊，遂派遣使者到了拜占庭。568 年，突厥
大使抵達君士坦丁堡會見拜占庭皇帝查士丁尼 (Justinian)，提議
合作一同瓦解薩珊。突厥與拜占庭的合作，頓時使得薩珊腹背受
敵。不過，中亞一帶受突厥勢力壓迫的民族，都往西遷徙之後，
拜占庭都予以接納，導致突厥的不滿，開始冷淡對抗拜占庭的使
節。576 年之後，突厥與拜占庭的關係分裂，薩珊也得以藉機喘息。

　　六世紀後期，薩珊已經衰弱不堪，還需要向拜占庭請求協助處理地方叛亂。但七世紀初期，拜占庭皇帝莫理斯一世 (Maurice I) 遭到軍人福卡斯 (Phocas) 所殺。伊朗國王庫斯洛二世 (Khosrau II) 藉此對拜占庭宣戰，要為了歐洲朋友莫理斯一世報仇。有政治敏感度的人都可以看得出來，薩珊國王庫斯洛二世的真正用意，其實不在於報仇與否，而是要趁機瓦解拜占庭。在十年左右的時間，薩珊軍隊進入兩河流域、敘利亞、亞美尼亞，全都是過去薩珊沒有機會穩定管轄的地區，薩珊甚至在 614 年南下進入巴勒斯坦，取得耶路撒冷。

　　西元 616 年，伊朗軍隊進攻在羅馬掌控下的埃及。對於伊朗來說，埃及是個需要占有的地區，有提升政治與經濟的作用。而過去埃及曾經是伊朗的勢力範圍，薩珊的行動或有「收復失土」的意涵。隔年，薩珊進逼君士坦丁堡，雖未成功，但也是有很長一段時間以來沒有如此強勢。拜占庭當時最強的將軍赫拉克利斯 (Heraclius)，在推翻福卡斯而登上拜占庭皇帝後，正好面臨歐洲「蠻族」的侵犯❷，遂向薩珊求和，遭到庫斯洛二世拒絕。

　　但是，似乎隨後的情勢對赫拉克利斯有利。622 年後，庫斯洛二世於高加索與安納托利亞戰敗，兵敗如山倒以致於失去整個兩河流域。雖然庫斯洛回到泰西封，但面對高漲的批判聲浪，再加上他染病在身，最後遭到殺害。628 年，拜占庭與薩珊再度簽署和約。赫拉克利斯曾一度稱自己為「萬王之王」，如同伊朗國

---

❷　羅馬自比文明國家，其他外來勢力都是野蠻族群。

王所用的稱號一般。可見儘管政治對立已久，但伊朗這個東方區域仍是歐洲人嚮往的世界，只要能夠拿下東方（即伊朗），代表天下就在自己掌握之中。

第三節　來自阿拉伯人的威脅

一、兩強對峙下的新局勢

拜占庭與薩珊之間的對峙氣氛，在阿拉伯半島 (Arabia Peninsula) 也很濃厚。大約西元三世紀之後，在兩河流域下游處，以阿拉伯人的拉賀米王國 (Lakhmid Kingdom) 為薩珊在面對拜占庭的前線勢力。拜占庭也不甘示弱，在靠近東地中海一側扶植哥善王國 (Ghassanid)。此外，埃及到葉門 (Yemen) 這區域，也是在基督勢力籠罩之下。其實自阿契美尼德以來，西亞陸地與海洋都在伊朗掌握之下，亞歷山大曾特別前往波斯灣，應是想掌握這廣大的海域，可見東方的內陸與海洋，對歐洲人很有吸引力。拜占庭也想藉由阿拉伯半島要進入東方海域，成為薩珊的競爭對手。570 年，薩珊占領葉門，對於從衣索比亞的基督勢力造成威脅。❸薩珊的作法，也保障了自己在通往紅海與印度洋的貿易安全。

---

❸ 2004 年美國電影《大法師：吸魂首部曲》(*Exorcist: The Beginning*)，描述了在今日東非某地出土的基督教教堂，建立的時間約莫在拜占庭帝國時期。雖然劇中主角質疑基督教的影響力應不可能那麼遠，但這也反映出基督教勢力從北非開始擴大的部分史實。

此時阿拉伯半島上，以麥加 (Mecca) 的古萊希家族 (Quraysh) 最有勢力，在半島上內志 (Najd) 掌有相當大的商貿利益。其中有一支派為哈希姆家族 (Hashmite)，有位名為穆罕默德 (Muhammad) 的商人，對於古萊希上層壟斷利益頗為不滿。《劍橋伊斯蘭史》(*Cambridge History of Islam*) 的文章中提到，穆罕默德不滿的是古萊希家族上層對經濟的掌控。或許僅是穆罕默德並沒有太大的商貿成就，以致於對於上層的利潤分配感到不滿，遂起而反抗。西元 610 年，穆罕默德於山洞中聽到天使的聲音「你應當奉你的創造主的名義而宣讀，……你應當宣讀，你的主是最尊嚴的。」❹ 然後受到真主阿拉 (Allah) 的感召，穆罕默德往後宣傳的理念，後人稱為「伊斯蘭」。在 627 年 7 月 17 日，穆罕默德還騎上飛馬布拉克 (Buraq) 抵達耶路撒冷，見了摩西 (Moses)，這事稱為「夜行登霄」。

穆罕默德開始宣傳他的所見所聞，對古萊希家族來講雖不至於動搖權威，穆罕默德的追隨者也不多，但他終究還是個麻煩人物，於是，不少人想要將穆罕默德置之死地而後快。穆罕默德於 622 年離開麥加，轉往雅斯里布 (Yathrib)，這城鎮後來改名為麥地那 (Medina)，即「神聖之城」。穆罕默德轉戰他地，與他一同遷移的人稱為「遷士」(Muhajir or Migrant)，而在麥地那提供穆罕默德諸多協助者，稱為「輔士」(Ansar or Helper)。雖然穆罕默德在 630 年攻回麥加，但其實古萊希家族還是有一定的勢力，

---

❹ 請見《古蘭經》第 96 章。

　　穆罕默德並非完全勝出，故麥地那還是穆罕默德的政治中心，也是穆斯林 (Muslim) 的聚集地。不過，兩年後穆罕默德去世，因為繼承權的問題而導致穆斯林之間內鬥。儘管隨即由遷士集團，也是穆罕默德的岳父阿布巴克爾 (Abu Bakr) 接任穆斯林的領導位置，稱為「哈里發」（Caliph，真主阿拉在人世的代理人），但很快地他在 634 年去世。

　　雖然很多有關阿拉伯人崛起的研究，都提到那是個極度混亂的時代，所以穆罕默德這位先知帶領阿拉伯人突破蒙昧時期 (Jahiliyyah)，開創伊斯蘭世界。然而，麥加既然是各方貿易商隊必經之地，若有相當多元的政治思潮、宗教信仰、社會風貌，並不令人意外。這彷彿是西亞區域各界商貿人士的重要據點，假如麥加與鄰近地區沒有活力與生氣，大概不太會有後面穆罕默德所帶來的擴張能量。穆罕默德強調他所處的時代，人們是無知與墮落的，其實只是他的立場而已。更何況現在人們對於穆罕默德時代的認知，都是來自穆斯林的說法，當然看前伊斯蘭時期就會賦予負面的形象，賦予穆罕默德「眾人皆醉我獨醒」的崇高形象，也將他的挑戰行為美化為建立美好世界的高尚行動。

　　若熟知《古蘭經》內容的話，必然可以看到其中與《舊約聖經》有相當大的相似性。穆罕默德也許是猶太的「原教旨主義者」（fundamentalist，即基本教義者），既然基督社會氣氛已呈現墮落、無知的狀態，而他本身也熟知猶太的觀點，大概就援引許多他認為最純粹的猶太概念來改變阿拉伯社會❺，不要再受到基督

---

❺　猶太人行割禮，穆斯林也有；猶太人不吃豬肉，穆斯林也不吃。一開始穆罕默德禮拜的方向是朝耶路撒冷，不是麥加。

思想的「汙染」。伊斯蘭的出現，像是猶太思想在保羅 (Paul) 改革成基督思想之後，又出現了一次改革運動。

二、穆斯林的擴張與鬥爭

追隨穆罕默德的穆斯林，開始拓展阿拉伯半島以外的版圖。在第二任哈里發烏馬爾 (Umar ibn al-Khattab) 時期，勢力已經抵達鄰近巴格達的地區，於 637 年在兩河流域的卡迪西亞 (Qadisiyyah) 擊敗薩珊。❻ 644 年，哈里發烏馬爾 (Umar) 為伊朗的基督徒奴隸殺害。新任的哈里發由來自巫麥雅家族 (Umayyad) 的烏斯曼 (Uthman ibn Affan) 繼任，帶領穆斯林繼續北上擴張。651 年，薩珊正式滅亡。

穆斯林軍隊接著往東北方進入中亞，抵達阿姆河，薩珊的領土已經都在穆斯林的勢力範圍，大伊朗地區的歷史進入伊斯蘭時期。同時，穆斯林也拓展到了北非。烏斯曼派遣堂弟穆阿維亞 (Muawiyah bin Abi Sufyan) 至敘利亞擔任總督，以大馬士革 (Damascus) 為據點，對拜占庭造成莫大的威脅。而敘利亞地區本來就是薩珊與羅馬競爭的重要地區，穆斯林取得這裡的主導權，代表伊斯蘭比基督更加強盛。穆斯林在更為北方的高加索地區，也逐漸取得優勢。

---

❻ 二十世紀 1980 年到 1988 年的兩伊戰爭 (Iran-Iraq War)，對於發起戰爭的伊拉克總統薩達姆 (Saddam Hossein) 來說，這場戰爭不僅是伊斯蘭教遜尼派 (Sunni) 與什葉派 (Shiite) 的對決，也如同七世紀阿拉伯人與伊朗人的再次交戰。1988 年戰爭結束之後，伊拉克在巴格達建立「勝利之門紀念碑」(Sword of Qadisiyyah)，便是有阿拉伯人戰勝伊朗的意涵。

　　其實穆罕默德去世的時候，身為穆罕默德堂弟兼女婿的阿里 (Ali) 有意坐上哈里發之位。於是，烏斯曼之死，有些穆斯林認為阿里及其支持者嫌疑最大。阿里雖然終於在 656 年登上哈里發，但很顯然他也知道局勢對他相當不利，便立即將其據點從麥地那遷往位於幼發拉底河中游的庫法 (Kufa)。穆阿維亞來自巫麥雅家族，在敘利亞已經擁有崇高的地位，率兵征討哈里發阿里。雙方的對峙，也形成了巫麥雅家族與哈希姆家族的衝突。穆阿維亞與阿里在今日敘利亞的拉卡 (Raqqa) 交戰，但雙方最後也願意協商。阿里並非妥協，而是一味對戰下去必然沒有任何好處。

　　但有一部分阿里的支持者卻不滿這樣的決定，批判他出賣了大家，所以有一群人離開庫法，前往東方的伊朗地區，稱為「出走者」（Khawarij，音譯為「哈瓦利吉派」）。661 年，阿里在庫法遭到哈瓦利吉派殺死，遺體葬於今日伊拉克的納亞夫（Najaf，往後成為什葉派穆斯林的聖地之一）。而穆阿維亞此時登上哈里發之位。在這之後，哈里發權位的爭奪一事才大致趨於平靜。從穆罕默德去世之後到阿里被殺死這段期間來看，哈里發權位相當地不穩定，都是面臨對上位者不滿的反抗行動。這也代表在穆罕默德去世所帶來的政治風暴，經過近半世紀後才比較穩定。

三、西亞的新局勢

　　阿拉伯穆斯林的勢力從南往北，然後向東取得了薩珊的領土，也向西往北非前進。以往東西方勢力對峙的局面，在阿拉伯勢力崛起之後，改成了亞非與歐洲對峙的發展模式了。西亞地區

在沒有伊斯蘭之前，就已經是兵家必爭之地，而且從帕提安到薩珊，一直都與歐洲的羅馬在對峙中。雙方在安納托利亞、高加索、敘利亞的競爭之中，誰都難以越雷池一步。

但是，今日人們都認為西亞局勢混亂與伊斯蘭教有必然的關係，反而眾多研究爭相探討伊斯蘭的教義到底怎麼了，或者探討伊斯蘭與恐怖主義 (terrorism) 的關係。儘管也有諸多學者著書立論強調伊斯蘭是崇尚和平的宗教、穆斯林並非都是恐佈分子，但在主流國際輿論都對這個宗教與其信徒抱持敵意的時候，越想要為伊斯蘭教與穆斯林平反，結果只會適得其反，越描越黑。

自薩珊將瑣羅亞斯德作為國教之後，歐洲的羅馬也在四世紀將基督作為國教，隨後在七世紀阿拉伯地區出現伊斯蘭的新勢力。從長時間的歷史變遷來看，這是個意識形態之爭的時代。其實瑣羅亞斯德在薩珊時期雖然作為主要政治路線，但大概在羅馬也訂立基督政治之後，薩珊已逐漸無法與羅馬抗衡。再加上五世紀後東部邊界的嚈噠與突厥威脅，瑣羅亞斯德在此時如強弩之末，逐漸是「過時」的意識形態。或許薩珊建立之初有其吸引力，至少是最「正宗」、最「本土」的政治。但很顯然這時代已然沒有太多機會讓瑣羅亞斯德「一黨獨大」，隨後羅馬先是以基督回應伊朗的瑣羅亞斯德，畢竟當這個東方勢力已經有特定意識形態做為國家發展的基礎，歐洲應該也要如此來作對應。西元七世紀，在西亞東西方的兩大霸權長期對峙之後，出現另一個新的意識形態──伊斯蘭，挑戰既定的區域局勢。

最後，伊斯蘭粉碎了已如強弩之末的瑣羅亞斯德，讓大伊朗

　　地區再度成為「被征服的地區」。瑣羅亞斯德也就此沒落,再也沒有於大伊朗地區扮演重要角色。不過,這個「被征服的伊朗」,在往後很長一段時間,卻都是動搖伊斯蘭帝國的關鍵地區。

第四章 | *Chapter 4*

在伊斯蘭勢力的影響下

第一節　巫麥雅帝國與伊朗

一、巫麥雅帝國初期

　　661 年阿里去世後，由穆阿維亞擔任哈里發，自此開始巫
麥雅帝國時代，其領土包含了中亞、西亞、北非、伊比利半島
(Iberian Peninsula)，以往薩珊帝國廣大的疆土，就是在巫麥雅的
範圍之內。在中文史料裡，巫麥雅寫作「白衣大食」，大食以英
文字母的拼音寫作 Tazi，為拜占庭與薩珊稱阿拉伯人的用詞。應
是薩珊與中國之間的交流，才讓更遙遠的中國知道有「大食」這
樣的族群。巫麥雅出征時手拿白旗，因為 624 年先知穆罕默德在
巴德爾戰役 (Battle of Badr) 對抗古萊希家族時便是手執白旗，所
以在中文史料中稱巫麥雅為白衣大食。

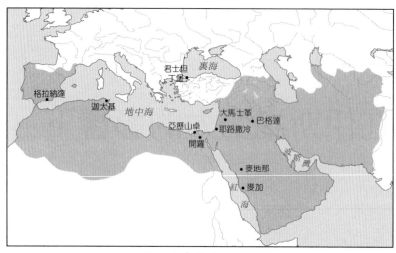

圖 19：巫麥雅帝國疆域圖

　　636 年，穆斯林征服了耶路撒冷，逼退拜占庭。巫麥雅以大馬士革做為帝國政治中心，從區域局勢來看，代表這時期對哈里發穆阿維亞來說，最重要的競爭對手是拜占庭，政治中心設在大馬士革較可以掌握與觀察對手的動向。西元 674 年到 680 年之間，穆阿維亞派遣他的兒子亞齊德 (Yazid) 進攻拜占庭，使穆斯林勢力向東地中海拓展，掌控了羅德島 (Rhodes) 與克里特島 (Crete)。不過，巫麥雅的勢力還未能進入歐洲地區，形成了基督與伊斯蘭在敘利亞與安納托利亞對峙的狀態。英國史家吉朋在《羅馬帝國衰亡史》第 50 章寫道，穆斯林「一手拿劍、一手拿《古蘭經》」，或許無意將穆斯林「妖魔化」，但至今成了人們對於穆斯林好戰、激進的負面刻版印象。

　　680 年，穆阿維亞去世，亞齊德為新任哈里發。對於有些穆

斯林而言，穆阿維亞與之後的哈里發並非正統哈里發，重點就在於前四任哈里發都是經由推舉而出，並非是世襲而來。不過，任何制度都會隨著局勢轉變而有所調整，更何況在穆罕默德去世之後的幾任哈里發傳承，仍只是最初步的發展，還稱不上是「制度」。既然以推舉選任出來的哈里發，都帶來如此多的腥風血雨，穆阿維亞將權位傳承給自家後代，其實是哈里發繼承制度的改革。從宗教角度來看，這不符合伊斯蘭最初的面貌，但巫麥雅王位繼承以世襲方式呈現，必然有如何穩定政局的現實考量。

　　在七世紀以降的西亞與中亞，瀰漫著濃厚的伊斯蘭化氣息。許多人會好奇為何伊斯蘭就這樣拓展如入無人之境？其實這如同近現代世界各地的「西化」(Westernization) 一樣，因為西方勢力強盛，至少船堅炮利，所以許多能仁志士開始倡導要向西方學習。有人認同當然也會有人反對，但西力東漸難以抵擋，以致於各地都已經「西化」，例如實行民主制度、強調西方的價值觀，無論人們同不同意民主制度，畢竟發展出民主制度的西方世界還是屬於強勢力量，世界各地都會認為民主是個可以讓國家強盛的基礎要件。但是，仍有不少已經「民主化」的地區與國家，誓死抵抗壓迫他們的西方強權。回到七世紀來看，在穆斯林勢力擴張之後，其實北非、西亞、中亞地區也都會感受到這股「船堅炮利」的伊斯蘭力量，有許多能仁志士開始要倡導學習「先進」的伊斯蘭，也就逐漸讓亞非多處「伊斯蘭化」。當然，有些「伊斯蘭化」的地區，也是誓死要打倒伊斯蘭霸權。伊斯蘭勢力的出現，也讓自西元前六世紀以來盛行的瑣羅亞斯德思想，經歷過亞歷山大的

衝擊、帕提安重新復甦、薩珊立為主要政治意識形態之後,為伊斯蘭完全取代了。

二、哈里發與伊瑪目

阿里一派反對哈里發繼承轉變為世襲,故阿里次子胡笙 (Hossein) 藉著這個政局波動的時候發起抵抗運動,批判父死子繼完全違背了哈里發應選任而來的原則。胡笙力抗亞齊德,680 年 10 月 10 日戰死於兩河流域的卡爾巴拉 (Karbala),頭顱被割下送往大馬士革。大約在這個事件之後,比較明顯出現了所謂什葉派(少數)與遜尼派(多數)的差別;後來什葉派穆斯林將卡爾巴拉視為聖地。胡笙去世之日,為伊斯蘭曆第一個月的第十天,稱為「亞述拉」(Ashura)。

對什葉派穆斯林來說,胡笙與亞齊德的形象,前者代表公正、後者代表暴政,而前者代表聖人、後者宛如那些惡名昭彰的埃及法老;巫麥雅是邪惡帝國,欺壓著無辜的什葉派穆斯林。不過,從巫麥雅的立場來思考,胡笙的抵抗與死可能不是那麼重要,畢竟反對勢力絕對不只有胡笙與什葉派勢力,而且更應注意的是拜占庭的動向。但後代的什葉派穆斯林為了要強調自己是受害的一方,遂在自身發展的故事之中,將巫麥雅、亞齊德妖魔化。這其實不是教派差異的問題,而是政治立場不同的問題。此後什葉派領導人以「伊瑪目」(Imam,即教長)為名,且必須由阿里後代,即哈希姆家族來繼任。

其實,阿里繼承哈里發這段歷史,十四世紀來自今日突尼斯

(Tunis) 的阿拉伯學者伊本哈勒頓 (Ibn Khaldun) 有不同說法。他說道，什葉派認為穆罕默德指認了阿里做為繼承人，但事實上並非即此，甚至阿里也沒有說過穆罕默德指派他繼位，因為阿里曾說過：「如果他（先知）不讓我們繼位，我們一輩子都不要去這樣想。」可見阿里也知道穆罕默德對於權位繼承人的人選，連提都沒提過。當然這是後來遜尼派的觀點，否定了什葉派的立場，有可能是刻意指出或者捏造阿里無意取得權位的說詞。

此外，伊本哈勒頓也不同意哈里發與伊瑪目由世襲方式繼承，他說：「為了今世和來世，人們必須遵守宗教的各項法律法規，而有權制定宗教法律的立法者就是眾先知，以及後來代替他們的人，即為哈里發，這也就是哈里發的含意。」他也認為，「哈里發」與「伊瑪目」都是代表立法者維護宗教和管理國家，所以確立哈里發與伊瑪目一事，是要由穆罕默德的直傳弟子與再傳弟子一致決定的。往後都這樣做的話，就可以避免民眾陷入混亂的狀態。換句話說，伊本哈勒頓認為理想的穆斯林領導人出任的方式，一定要「眾人一致同意」。不過，這也應該都是理想狀態的繼承辦法，無法配合現實情況。

三、巫麥雅的東西征戰

巫麥雅與拜占庭兩方對峙，儘管穆斯林在陸海戰場都一步步逼近君士坦丁堡，但在 678 年 6 月的海戰中，穆斯林海軍因暴雨而損失慘重，導致與拜占庭簽署了和平條約，有三十年有效期。有些研究指出，巫麥雅臣服於拜占庭，每年都同意向君士坦丁堡

圖 20：阿克薩清真寺

進貢。也因此，678 年這場戰役提升了拜占庭的歷史價值，也讓後人得以解釋為歐洲因為這場戰役而不被伊斯蘭征服、穆斯林蹂躪。但是，拜占庭在擴張時，對鄰近地區來說也是「征服」與「蹂躪」，不應以有色眼光看待穆斯林的擴張。不過，在拜占庭於八世紀初期面對巴爾幹地區的勢力侵犯時，巫麥雅藉機進攻安納托利亞，讓拜占庭分身乏術。在 717 年，穆斯林在博斯普魯斯海峽戰敗，再加上哈里發蘇萊曼 (Suleyman) 去世，以致於新任哈里發烏馬爾二世 (Umar II) 決定撤退回到敘利亞。

　　巫麥雅與拜占庭的對峙，往後雙方也沒有更多的進展，又形成了如同薩珊與羅馬「龍與獅的對望」之狀態。巫麥雅在版圖穩定之後，開始有進一步建立權威的作為，例如 691 年哈里發馬利克 (Abd al-Malik) 在耶路撒冷建立阿克薩清真寺 (Al-Aqsa Mosque)，就是建立穆斯林在這個地方的權威性。對於猶太人、基督徒來說，耶路撒冷無庸置疑是他們的聖地，在《舊約聖經》

與《新約聖經》裡都是重要的地點。對於穆斯林來說，先知穆罕默德在「夜行登霄」來到了耶路撒冷，見到了摩西，這裡當然也就是穆斯林的聖地。穆罕默德來到耶路撒冷時所騎乘的神馬布拉克，就是拴在今日耶路撒冷猶太聖殿的西牆 (Western Wall) 邊❶。

　　其實本來在歷史發展過程之中，勢力爭奪之下，新來的征服者或者統治者都會設立某種建築物，來塑造自己在這個地方的崇高與象徵的地位。對於巫麥雅而言，無論這裡過去是否是猶太人聖殿的遺址，或者基督世界的重要聖地，往後這裡就是穆斯林的地盤。但問題就在於二十世紀 1948 年 5 月 14 日，猶太人在巴勒斯坦建立以色列 (Israel)，擠壓了長久以來生活在這裡阿拉伯人的生存空間，遂導致了接下來無止盡的阿拉伯國家與以色列的衝突。

　　巫麥雅在看似穩定之際，逐漸面臨到的問題卻是「被征服地」的抵抗，特別是伊朗地區。在巫麥雅的東征之中，哈加吉 (Hajjaj ibn Yusuf al-Thaqafi) 是有名的將軍，哈里發馬立克命他為伊拉克總督，主要任務是平定出走派與什葉派的叛亂行動。哈加吉麾下的著名軍人為屈底波伊本姆斯林 (Qutayba ibn Muslim)，受任命為呼羅珊總督。712 年，穆斯林軍隊進入了中亞地區的重要城市撒馬爾罕 (Samarkand)，導致當地許多人往內亞地區逃竄。這使得伊斯蘭勢力進逼中國唐朝的西域疆土，例如疏勒（即今日的喀什噶爾）即受到穆斯林的威脅。儘管穆斯林的軍事力量龐大，西亞、中亞、北非「伊斯蘭化」是個主流趨勢，但對於被征服的屈辱，伊朗地區的抵抗力量也逐漸造成巫麥雅的困

---

❶　也稱哭牆 (Wailing Wall)。

擾，可稱為「伊朗問題」。如同亞歷山大勢力拓展到東方之後，帕提安對於塞琉古的抵抗就是先例。725 年，呼羅珊與河中地區 (Transoxiana) 爆發動亂❷，至 737 年巫麥雅軍隊終於平定。

　　隨後，哈里發希夏姆 (Hisham) 於 743 年去世，哈里發權位陷入爭鬥的情況，接任的瓦立德二世 (Walid II)、亞齊德三世 (Yazid III)、伊卜拉辛 (Ibrahim) 等哈里發在位時間都不長，均遭到反對勢力殺害或逼迫下臺。744 年，軍人出身的馬爾旺二世 (Marwan II) 逼使伊卜拉辛退位，登上哈里發之位，不僅不是選任、更不是世襲繼承。馬爾旺二世的即位沒有合法性，面對強大的反對聲浪，例如哈希姆家族的反抗。有位名叫穆罕默德 (Mohammad) 的人，是為先知穆罕默德伯父阿巴斯 (Abbas) 的後代，正在呼羅珊集結反對巫麥雅的力量。穆罕默德有一個來自伊朗地區的奴隸，名為阿布姆斯林 (Abu Muslim)，受命組織軍隊。

　　746 年，阿巴斯派要從伊朗地區進軍巫麥雅本土。他們手拿黑旗，以示反對持白旗的巫麥雅。穆罕默德之子阿布阿巴斯 (Abu Abbas) 在呼羅珊與阿布姆斯林合作，短時間內擊敗了巫麥雅軍隊❸。750 年，巫麥雅王朝滅亡❹。讓廣大的巫麥雅帝國開

---

❷　位於中亞的阿姆河及錫爾河 (Syr Darya) 之間。

❸　中文史料《唐會要》寫道：「有呼羅珊木鹿人，並波悉林舉義兵，應者悉令著黑衣。旬月間，眾盈數萬。鼓行而西，生擒末換殺之。」這裡提到的「木鹿」，即 Marv；「波悉林」指的是姆斯林；「末換」就是哈里發馬爾旺。

❹　仍有殘餘勢力往北非逃竄，最後從今日的摩洛哥 (Morocco) 傳過直布羅陀海峽 (Gibraltar Strait) 到達伊比利半島，成為哥多瓦王朝 (Caliphate of Córdova)，也稱「後巫麥雅王朝」。

始崩潰的，就是這股來自於伊朗的力量。畢竟阿拉伯勢力擊敗薩珊之後，領土涵蓋了伊朗地區，對於伊朗當地來說，阿拉伯就是外來侵略的勢力。即使在「伊斯蘭化」的浪潮之下，多數人可能都逐漸成為穆斯林，學習「伊斯蘭」這個新時代的思想是主要趨勢，但必然還是有不少抵抗運動，就使得阿巴斯後代將伊朗地區作為抵抗巫麥雅的中心基地。

第二節　阿巴斯帝國之起落

一、哈希姆家族掌政之初

　　阿布阿巴斯做為阿巴斯帝國的第一任哈里發，由於手拿黑旗，也就成為在中文史料中所說的「黑衣大食」。阿巴斯源自於哈希姆家族，現在建立帝國，便是在第四任哈里發阿里之後，先知後裔的哈希姆家族終於登上了伊斯蘭世界的領導位置。阿巴斯帝國第二任哈里發曼蘇爾 (Jaffar al-Mansur) 將巴格達作為政治中心，有研究指出巴格達要通往波斯灣的路程較短，對海上的貿易更為便利。而且阿巴斯的勢力以伊朗地區為根基，在巫麥雅主導的敘利亞等地區沒有影響力，轉移政治中心有助於政策便利施行。這也是後來阿巴斯的發展與巫麥雅不同之處，從波斯灣到印度洋，甚至更為東方的中國，有很多貿易活動都與阿巴斯的穆斯林有關。唐朝有很多穆斯林，多是在這時代開始從海洋而來，特別是聚集在廣州的伊朗商人。

　　阿巴斯雖從伊朗地區崛起，但當地情勢也很複雜。原本巫麥雅東部靠近中亞之處，有不少人並不認同阿巴斯取代巫麥雅，遂向東尋求中國協助。時值中國的唐朝建立約三十年的時間，其西域的情況如阿巴斯的東部一樣，存有許多反對勢力，尋求阿巴斯協助。阿布姆斯林對阿巴斯家族來說是重要的功臣，以他是伊朗人的身分駐守在呼羅珊，此時看到了可以將阿巴斯繼續向東推進的機會。唐朝的安西節度使高仙芝與阿巴斯的阿布姆斯林在 751 年 7 月交戰，即著名的「怛羅斯之役」(Battle of Talas)，阿布姆斯林打了勝仗。但是，對有些阿巴斯家族的人而言，阿布姆斯林「功高震主」頗有威脅，像是哈里發曼蘇爾便想要降低阿布姆斯林的影響力，以免他影響哈希姆家族的權威性。如同歷史上各個新興勢力一般，任何有權力的人都想爭奪領導者繼承權、或深怕有另外的勢力影響自己。這也可以看到哈希姆家族權力脆弱之處，擔憂自己掌政的資格不夠「純正」，即使是原本合作的對象都得剷除。

　　754 年，曼蘇爾下令阿布姆斯林改任為敘利亞與埃及的總督。阿布姆斯林當然知道這項調任，尤其是到自己並無影響力的地區，往後必然會面臨更多的問題，這也如同是政治打壓，所以他違抗命令不願離職，隔年便遭到曼蘇爾的殺害。曼蘇爾的做法，其實對他的政權也有影響。阿布姆斯林在伊朗地區頗有威望，此時因為他被殺害之事，而導致往後阿巴斯政局不穩定的隱憂。於是，在阿巴斯建立初期，阿拉伯與伊朗之間的衝突成為主要的政治現象。可是這不是人種或族群的問題，從阿巴斯派與阿

布姆斯林共同推翻巫麥雅，就可看出阿拉伯與伊朗之間不盡然處
於對立局勢，但衝突的氣氛起因其實是政治勢力爭奪的問題。

二、未曾穩定的帝國

阿巴斯要推翻巫麥雅之際，其實有不少什葉派人士參與其
中。兩方都屬於哈希姆家族，阿巴斯方面想要取得政權，什葉派
當然也要，結果阿布阿巴斯宣布自己為哈里發時，什葉派深知無
法取得政權，轉而成為反對勢力。對於哈里發而言，剷除什葉派
也是讓政權穩定的重要工作之一。這導致什葉派人士只能逃至阿
巴斯的邊疆，例如 788 年北非開始出現什葉派勢力。這也造成阿
巴斯雖作為「帝國」但沒有長期「一統」的局面，在八世紀之後
形成了在大伊朗地區的阿巴斯，以及北非的什葉派勢力。

前述的阿拉伯與伊朗衝突的氣氛，使哈里發的繼承也出現問
題。第五任哈里發拉希德 (Rashid) 的兩個兒子，阿敏 (Amin) 與
馬蒙 (Mamun) 爭奪領導地位。問題在於馬蒙的母親是伊朗人，
阿敏則是純阿拉伯人，這兩人等於是兩個族群的代表。809 年阿
敏接任了哈里發，立刻刁難在呼羅珊擔任總督的馬蒙，例如要從
巴格達調派官員到呼羅珊，代表往後馬蒙的施政會受到巴格達的
影響，而且阿敏也要求馬蒙放棄繼承哈里發的機會。這導致阿敏
與馬蒙對戰，813 年馬蒙勢力包圍巴格達，逼迫阿敏下臺。這樣
一來，阿拉伯人與伊朗人的對立衝突就更加明顯。馬蒙還主張什
葉派有繼承哈里發的權力，這並不代表馬蒙認同什葉派，而是拉
攏支持者對抗阿敏。

　　833 年，馬蒙指派其弟穆塔希姆 (Mutasim) 為哈里發，或有
特殊目的。穆塔希姆的母親，為其父親拉希德的突厥女妾，所以
穆塔布姆招募散居於河中地區的突厥人，成為現今所稱的傭兵，
他們逐漸也都成為了穆斯林。由於他們歸哈里發所擁有，有奴隸
的意涵，在阿拉伯文稱為「馬木路克」(Mamluk)。從上述阿拉
伯人與伊朗人對立的情況來看，馬蒙讓有突厥血統的弟弟擔任哈
里發，其用意便是不願再膠著於阿伊衝突。

　　而突厥人在往後阿巴斯境內不僅有人擔任軍事將領，也有些
是行政官員，阿拉伯人與伊朗人都在突厥人的掌管之下。突厥人
因為受中央指派到各地擔任地方首長或者軍事將領，從伊朗地區
擴散到其他地方。只是在哈里發權威性越趨下滑時，突厥人逐漸
成為政治與軍事方面的要角。自 868 年在埃及擔任總督的突厥人
阿賀馬德伊本杜倫 (Ahmad ibn Tulun)，在巴勒斯坦與敘利亞也有
影響力。其後代子嗣還與哈里發劃分勢力範圍，在 886 年起也可
以主導伊拉克地區，雙方對峙直到十世紀初哈里發戰勝為止。馬
蒙的立意在於解決阿伊問題，但重用突厥人的做法反而帶出了突
厥人與阿拉伯人的衝突。

　　同時，在北非建立什葉派勢力的伊斯馬儀派 (Ismail)，以先
知穆罕默德女兒、阿里妻子的名字法蒂瑪 (Fatimid) 為名，建立
了法蒂瑪王朝。而且，教長伊瑪目自稱為哈里發❺。969 年法蒂

---

❺　伊本哈勒頓說，什葉派用伊瑪目稱呼阿里，伊瑪目也就成了哈里發的
　　同義詞。他們在內部用伊瑪目稱呼阿里及其接班人，而對外則是用哈
　　里發。特別是從阿巴斯時期的什葉派開始這樣做。

圖 21：艾資哈爾清真寺

瑪勢力進入埃及，將開羅 (Cairo) 定為政治中心。而且，法蒂瑪的勢力範圍不僅只有在埃及，也如阿賀馬德伊本杜倫一般掌控了巴勒斯坦、敘利亞，甚至掌控了伊斯蘭聖地麥加與麥地那。這代表長久以來受到遜尼派壓制而邊緣化的什葉派，終於擁有了相當大的版圖，而且還一次擁有伊斯蘭的三個聖地。如此一來，等於是向各地穆斯林宣告，法蒂瑪哈里發比巴格達哈里發還要有領導的合法性。若要取代阿巴斯，那就是要建立另一個哈里發體系。

　　特別的是，法蒂瑪與阿巴斯都來自於哈希姆家族，即使都是先知的後裔，但為了取得政治的主導權，也無法容忍對方的存在。而且過去什葉派在阿巴斯建立之初未能分配到權力，故此時取代阿巴斯的意圖自然表現地相當明顯。970 年，法蒂瑪也在開

羅建立了艾資哈爾清真寺 (Azhar Mosque)，作為什葉派思想的中心，其目的必然是要取代遜尼派而成為伊斯蘭的重心。這也代表過去阿巴斯統領的大伊朗地區，較西側的部分已經在法蒂瑪的控制之下。這看似為什葉派與遜尼派的宗教競爭，都在爭奪誰才是伊斯蘭的正統，可是實質問題仍然來自於權力的鬥爭。

第三節　伊朗勢力之更迭

一、前仆後繼的伊朗「王朝」

　　當法蒂瑪讓阿巴斯疆土缺了一角的同時，伊朗地區也逐漸有難以管制的勢力出現。然而相較於法蒂瑪念茲在茲要脫離阿巴斯、取代阿巴斯在伊斯蘭的正統地位，伊朗地區前仆後繼出現的勢力卻沒有要讓阿巴斯走入歷史。多數研究稱這些勢力為「王朝」，但其實只是主導了一些區域。在現代大概就是地方省長受歡迎的程度大過於中央領導人，或是縣市長的呼聲比總統來得高，但這不代表地方首長會推翻自己的「國家」。從另一方面來看，阿巴斯在疆土較為西側的地區，本來就比較沒有管轄優勢，所以法蒂瑪得以自立門戶，反而伊朗地區的任何一個勢力若想改由其他名號稱霸，可能會帶來更多誰也不想承受的動盪。讓阿巴斯哈里發權威下降，並不是治國不善，而是自巫麥雅時期已經出現的「征服者」與「被征服者」對立問題，在阿巴斯時期更加顯現了。

820 年，哈里發馬蒙的統帥塔希爾 (Tahir) 因對抗阿敏有功，所以被任命為帝國東部的呼羅珊總督，政治中心為尼夏普爾（Nishahpur，今日伊朗東北方）。其實呼羅珊本是阿巴斯崛起之地，也是處理帝國東部，即中亞地區的重要前線，這地方的總督必然有其重要性。因此，在上述阿巴斯王位內鬥之際，塔希爾勢力呈現自治狀態，巴格達僅能期望塔希爾不要帶來混亂。大約 821 年到 873 年，塔希爾勢力脫離阿巴斯，這是中亞第一個伊朗人的伊斯蘭勢力。

不過，塔希爾的崛起，帶來了後期伊朗地區各方勢力的競爭。約莫 867 年，在塔希爾勢力較為南方的西斯坦 (Sistan) 地區，由阿古柏薩法爾 (Yaqub al-Saffar) 領導的勢力，在 872 年終結了塔希爾。前面近半世紀塔希爾勢力之形成，對巴格達來說還無傷大雅，但薩法爾勢力卻試圖要瓦解巴格達政府，例如薩法爾要求哈里發讓出東部領土與河中地區，哈里發只能勉強同意，這也是追尋伊朗地區不要太過動盪的策略。塔希爾與薩法爾相繼出現，代表伊朗地區對阿拉伯的統治已出現越來越多抵抗的能量了。879 年薩法爾去世，其弟阿姆爾 (Amr) 即位，哈里發趁此情勢想要重新掌握伊朗地區。

在塔希爾與薩法爾崛起，對於阿巴斯在帝國東部造成壓力之後，曾為薩珊帝國的顯貴後代薩曼胡達 (Saman Khudah) 也加入戰局。薩曼胡達在巫麥雅時期為呼羅珊總督，其政治立場也由瑣羅亞斯德改為伊斯蘭。813 年哈里發的馬蒙重用了薩曼家族的成員，隨後塔希爾也曾統領過薩曼家族。於是，當薩法爾擊敗塔希

爾的時候，薩曼是持反薩法爾的立場。由於薩曼開始壓制薩法爾
的勢力，讓巴格達的哈里發免於被壓制的困境，哈里發遂認可了
他在伊朗地區的掌控權。薩法爾在不敵薩曼的情況下，退回了西
斯坦，且臣服於薩曼之下。

二、布葉入主巴格達與突厥興起

十世紀初期，今日伊朗南部法爾斯省地區的布葉 (Ahmad bin
Buwayi) 勢力崛起，為什葉派中的十二伊瑪目派 (Twelvers)。該
派認為，873 年第十二位伊瑪目穆罕默德蒙塔薩爾 (Mohammad
al-Muntazar) 離奇失蹤，年僅五歲，若從宗教角度的解釋來看，
自此進入了伊瑪目的「隱遁時期」(Occultation)，而且他會在適
當的時間出現。當然這時候的十二伊瑪目派穆斯林應沒有如此明
確的想法，必然是後代的宗教人士刻意以「末世」理論美化了第
十二位伊瑪目失蹤的意涵。這樣的解釋可能是後來才形成的，是
「創造」出來的「傳統」。

布葉往西進入胡澤斯坦，逼近巴格達，在 946 年之後控制
了哈里發。此後，哈里發穆斯塔克斐 (Mustakfi) 稱布葉領導人阿
里 ('Ali) 為「國家之柱」(Rukn al-Dawla)，也是求和的作法。哈
里發求和的心態絕對可以理解，而值得討論的是布葉並沒有將阿
巴斯趕盡殺絕。可能布葉還是阿巴斯的地方勢力，即使攻入巴格
達、控制了哈里發，比較像是今日的「政變」，無意要以布葉之
名來取代阿巴斯。即使布葉雖如法蒂瑪一樣為什葉派勢力，但看
來不同區域的什葉派掌握權勢，都有不同做法。法蒂瑪在開羅紮

根，並不在阿巴斯的政治中心，比起布葉來說更有改變的機會。以今日的角度來看，布葉入主巴格達就是換了政黨執政，但並沒有把國家名稱換掉。布葉為伊朗地區的勢力，其領導人稱為Shah，是自阿契美尼德以來伊朗所使用的領導人稱號，也就是「國王」，阿巴斯形成了 Caliph-Shah 的政治體系。

　　十世紀下半葉，布葉成了東方薩曼的威脅，而且還形成了什葉派與遜尼派對峙的局勢。但這也不能視為伊斯蘭教派的爭執，畢竟兩方都有各自的發展，薩曼雖然早先建立王朝，成為阿巴斯的威脅，但布葉王朝竟能夠控制巴格達，對薩曼來說當然是不可接受的事情。兩方的對立鬥爭，其實是權力爭奪的問題。由布葉入主巴格達的情況來看，此時哈里發的權威比起塔希爾、薩曼崛起時來得更加衰弱。此外，這是布葉與法蒂瑪並存的時代，顯示什葉派力量逐步突破遜尼派的壓力。巫麥雅以來的政治問題，在阿巴斯時期更加鮮明。

　　阿巴斯時代的另一個政治問題，就是突厥勢力的崛起。954年，薩曼曾任命哥疾寧（Ghazana，今阿富汗南部）一地的突厥人阿勒普特金 (Alptigin) 擔任呼羅珊的總督。因掌握了軍事力量，阿勒普特金逐漸有機會壓制無能的薩曼，雖然沒有成功，但在962 年他轉回故鄉哥疾寧稱霸。不過，突厥人還是向薩曼輸誠，畢竟這時候勢力還不成氣候。反過來看，對薩曼而言，哥疾寧地理位置距離遙遠，在自身情況不穩定之際，也沒有必要對這個尚未成熟的勢力施加太多壓力。977 年阿勒普特金去世後，後起的權位繼承人才開始擴大勢力範圍，先是進入印度，建立哥疾寧王

朝，自稱為素檀 (Soltan)，即突厥君主的意思❻。西元六世紀時突厥在內亞極有重要地位，隨後雖被迫離散，卻在伊斯蘭世界裡有了新的發展。

　　同時，在薩曼東方的喀喇汗（Qarakhan，興起於 840 年）勢力，也加入了伊朗爭奪戰，於 904 年開始襲擊薩曼的邊界。喀喇汗勢力逐漸影響到現在中國新疆的于闐、高昌、喀什噶爾。在十世紀末，為了對付喀喇汗，薩曼尋求哥疾寧的協助。結果，哥疾寧的氣勢逐漸取代了薩曼，已不再是臣屬的角色了。996 年，哥疾寧與喀喇汗締結和約，甚至在 999 年瓜分了薩曼的領土。巴格達的哈里發稱當時哥疾寧素檀馬賀穆德 (Mahmud) 為「東方君主」(Soltan of the East)，可見哈里發讓這些地方勢力都有其權力的合法性，以取得彼此之間權力平衡的機會。而哈里發對這些地方勢力的「和諧」待遇，也展現出不想完全受布葉宰制的意圖，意圖滿足各方條件，以避免孤立無援。

　　然而，十一世紀初期，喀喇汗與哥疾寧的和約逐漸失效，畢竟雙方都有意圖要拓展勢力範圍，而且當哥疾寧往印度進攻時，喀喇汗就趁勢奪取河中地區，對哥疾寧領土北部造成威脅。原本雙方勢均力敵，但哥疾寧採用大象攻勢，應是從印度帶來的，據說過去亞歷山大在印度作戰就因大象這樣龐然大物而吞下敗仗，此時喀喇汗軍隊內的聲音是：「沒有可能與這種大象、這種武器和這種人戰鬥。」1108 年，哥疾寧徹底擊敗喀喇汗。

---

❻　印度北方也是哥疾寧的勢力範圍，一些印度人也逐漸成為穆斯林，更後期的德里素檀國 (Delhi Soltanate)，一樣是突厥人的勢力，在十三世紀抵禦過蒙古入侵。

三、艱困卻具生命力的阿巴斯時代

　　上述的塔希爾、薩法爾、薩曼、布葉、哥疾寧，多數研究都稱為「王朝」，但如前文所論述，這些應都是阿巴斯在大伊朗地區較為東側的地方勢力，只是在哈里發權威喪失之際，發展出各自的影響力，而且還相互傾軋，也藉著這樣的優勢取得哈里發的承認。布葉是特殊例子，竟掌握了巴格達。然而，以阿巴斯在十世紀的情況而言，法蒂瑪雖然讓阿巴斯失去半壁江山，讓阿巴斯處於存亡危急之秋，但其實情況單純，畢竟原本阿巴斯在帝國西部的管轄本就比較沒有優勢，反觀在伊朗地區，眾多勢力雖相互衝突，卻不見得要取代阿巴斯，彷彿慢刀凌遲一樣讓哈里發看似還有權威性，但又隨時危機四伏。

　　因此，從巫麥雅到阿巴斯，伊朗地區的發展對帝國存續與否，有關鍵的影響力。巫麥雅因為伊朗地區的反抗問題而瓦解，阿巴斯也是因為伊朗地區各方勢力而讓權力受到箝制。多數研究都會強調伊朗、甚至是其他地區對於伊斯蘭帝國的挑戰，多半是暴政、嚴苛的稅收等負面因素所造成。但換個角度來看，歷史上那些被征服的地區都很難信服外來勢力，就算一切風調雨順也不代表就沒有人持反對意見。伊朗地區潛在的抵抗力量，還包括北非的法蒂瑪，都可看出伊斯蘭時期「被征服地」對阿拉伯的抵抗。

　　至十一世紀初期，阿巴斯帝國除了伊朗人與阿拉伯人的對峙之外，也出現了突厥人宰制局勢發展的現象。在這過程之中，也可以看到什葉派已掌握了一些優勢，從埃及、敘利亞、麥加與麥

地那、巴格達等地，都已在什葉派的籠罩之下。有許多研究認為，阿巴斯的「衰亡」從這些現象開始，但其實阿巴斯到了十三世紀中葉才走入歷史，若換個角度來看，阿巴斯雖不似巫麥雅那樣「一統」，但各方興起的勢力卻也沒有直接將哈里發廢掉、甚至改換阿巴斯名號，哈里發承認各方勢力，「懷柔」政策奏效，反而讓阿巴斯的帝國生命得以延續下去。

第五章 | *Chapter 5*

西亞伊斯蘭霸主的爭奪戰

第一節　塞爾柱主導下的伊朗

一、塞爾柱勢力崛起

　　在前一章提到哥疾寧與薩曼的交戰之中，哥疾寧本是突厥勢力，但薩曼雇用了不少突厥傭兵，其實是突厥勢力的對決。即使是喀喇汗境內，也有許多突厥勢力。在阿巴斯時期，當突厥人於中亞與西亞地區勢力擴大之後，儘管多數人做為奴隸（即馬木路克），但也有不少人在軍隊與朝廷中逐步獲得權力。在伊朗地區，諸多勢力相互傾軋之際，突厥人也開始嶄露頭角。

　　約莫 950 年的時候，有一批由塞爾柱 (Seljuk) 領導的突厥勢力進入河中地區。當十世紀末哥疾寧與喀喇汗共同消滅薩曼之後，薩曼的殘餘勢力獲得塞爾柱人的協助，但是薩曼終究於 999

年敗亡於喀喇汗之手。在「雇主」敗亡之後，塞爾柱人轉而為喀喇汗服務。不過，隨後哥疾寧與喀喇汗陷入彼此敵對的狀態，後者雖有塞爾柱人的協助，卻還是遭到哥疾寧擊潰，而塞爾柱人則落入哥疾寧的控制之中。在這樣的情況下，塞爾柱不斷反抗著哥疾寧，後喀喇汗捲土重來，再次與塞爾柱人合作，於 1032 年獲勝。但後來喀喇汗內部分裂，逐漸在伊朗地區的勢力爭奪之中失去重要性。

1040 年，塞爾柱人在丹丹納坎戰役（Battle of Dandanaqan，於今日伊朗東北方）擊敗哥疾寧❶。時任塞爾柱領導人的圖格里勒 (Tughril) 隨後在呼羅珊自立為王。1055 年年底，掌握巴格達的布葉王朝也遭到塞爾柱勢力摧毀。哈里發卡伊姆 (Qaim) 將塞爾柱人視為新的救主，讓巴格達擺脫異教徒什葉派的壓迫。塞爾柱圖格里勒在巴格達受到盛大歡迎。吉朋寫道：「哈里發坐在黑色簾幕的後面……手裡拿著真主的使者生前所用的木杖。東部的

圖 22：土庫曼斯坦錢幣上的圖格里勒像

---

❶ 哥疾寧退出伊朗之後，就維持在印度北方的勢力，十二世紀時為當地的古爾人 (Ghurid) 消滅。

征服者親吻地面，站起來保持最謙遜的姿態。……等到突古魯（圖格里勒）坐上另一張寶座以後，……承認他是先知代理人在塵世的部將。」布葉王朝的殘餘勢力以巴薩西里 (Basasiri) 將軍為主，他前往法蒂瑪尋求協助，試圖反攻巴格達。結果圖格里勒再次擊退巴薩西里，於 1060 年將他處死，布葉家族正式瓦解。

　　此時可見塞爾柱也如布葉一樣，主要目的是掌握權力，成為阿巴斯的掌政者，而不是要消滅自己的「國家」。多數人稱此時的塞爾柱為「帝國」，雖不會影響對歷史的理解，但應了解塞爾柱在當時可能也如布葉一樣是發起一場政變，而沒有另取名號。從前述的歷史情況來看，阿巴斯剩餘的伊朗地區領土，各方勢力都有一定程度的影響力，但也不一定能夠成為絕對的霸權，巴格達哈里發必然也有一定程度的威望與政治手段，而且也不願刻意引發衝突。再從塞爾柱在伊朗地區崛起、再進駐巴格達的情況來看，比較像是統合了阿巴斯東側領土混亂的局面，也可見即使伊朗地區各方勢力有意取得阿巴斯的政治優勢，最後成果則是由塞爾柱所接收。

　　在塞爾柱主導下，仍然有哈里發存在，讓阿巴斯由「Caliph-Shah 體系」，轉型為「Caliph-Soltan 體系」。哈里發做為意識形態（伊斯蘭）的代表，素檀則為主導帝國的政治領導者。往後塞爾柱的發展，其政治中心都設立在伊朗地區，例如 1037 年的尼夏普爾、1043 年的雷伊 (Rayy)、1051 年的伊斯法罕、1118 年的木鹿，以及更後期設在今日伊朗西部的哈馬丹 (Hamadan)，這顯示塞爾柱即使擁有了巴格達，在大伊朗地區占有主導地位，但仍是顯露出在阿巴斯更為東側的領土較有優勢的心態。

二、塞爾柱的西進拓展

　　塞爾柱的勢力一路向西拓展，威脅到了巴爾幹半島的拜占庭。在 1065 年到 1068 年之間，塞爾柱素檀阿爾普阿斯蘭 (Alp Arslan) 進入了高加索地區。兩方在十一世紀中葉多次交戰，其中 1071 年的曼茲喀特戰役 (Battle of Mantzikert) 中，拜占庭皇帝羅曼努斯四世 (Romanos IV) 因戰敗遭到俘虜。吉朋寫道阿爾普阿斯蘭「用腳踩住羅馬皇帝的頸項」，十分屈辱。隨後羅曼努斯四世願意簽署和平條約，讓塞爾柱取得整個安納托利亞，才獲得釋放，但羅曼努斯四世回國之後遭到批判，和平條約立即遭到拜占庭新任皇帝廢除。

　　雖然許多學者因為拜占庭的戰爭失利，而認為這就是 1453 年君士坦丁堡為鄂圖曼人（Ottomans，塞爾柱之後新的突厥勢力）占領的開端，但這樣的說法過於誇大，畢竟 1071 年與 1453 年相隔近四百年，很難以一場早期的

圖 23：羅曼努斯四世（圖中倒地者）於曼茲喀特戰役中戰敗，被阿爾普阿斯蘭（圖中坐者）俘虜

敗仗視為後期崩潰的原因。換個角度想，拜占庭在此後約四百年才走入歷史，其實可看到這個帝國仍有為生存爭一口氣的奮鬥，一點也不衰弱。反觀塞爾柱的勢力只能停在安納托利亞，無法再往前進。素檀阿爾普阿斯蘭派遣其堂兄蘇萊曼 (Soleyman) 到安納托利亞，於鄰近君士坦丁堡的尼西亞 (Nicaea) 建立軍事據點。但前文提到塞爾柱的政治中心設定於阿巴斯較為東方的領土，顯見其在帝國西側也難有更進一步的管轄能力，逐漸蘇萊曼也自立為王，其勢力範圍稱為「羅姆素檀國」(Sultanate of Rum)❷。

埃及法蒂瑪此時因塞爾柱的西進，失去在敘利亞與巴勒斯坦的主導權。在塞爾柱主導阿巴斯的時期，彷彿讓阿巴斯又有恢復帝國初期領土的氣勢。塞爾柱也打著消滅異教徒的旗幟，討伐任何支持法蒂瑪的勢力，也試圖要藉著去麥加朝聖之名，行進攻埃及之實。另外，塞爾柱也廣設學校，強化遜尼派的思想，來對抗法蒂瑪的艾資哈爾清真寺。不過，巴格達的哈里發仍想盡辦法要擺脫塞爾柱的壓力，例如在巴格達的清真寺禮拜活動中，高喊巴格達哈里發之外，竟加上了法蒂瑪哈里發的名字，甚至也試圖把權力轉移給法蒂瑪。由此可見，在穩定權力的考量之下，法蒂瑪與阿巴斯本處於相互對立的狀態，但此時共同的對手都是塞爾柱，反而必須合作以維持原本的狀態。

---

❷ 對於西亞而言，安納托利亞以西的地方稱為「羅姆」(Rum)，也就是「羅馬」(Rome) 的意思，代表這區域在過去為羅馬人的勢力範圍。

三、塞爾柱的潛在問題

　　塞爾柱來自於伊朗地區，儘管已經把勢力拓展到了安納托利亞，但有些原本存在的問題，不盡然有能力處理。例如什葉派對抗遜尼派的情況，是塞爾柱政權不甚穩定的因素之一。以伊斯馬儀派來說，在伊朗地區最有名的領導人哈山 (Hassan Sabbah)，主要的活動地點在今日伊朗卡茲文 (Qazvin) 山區的阿拉姆特 (Alamut)。哈山一派到處暗殺塞爾柱的高官權貴。傳言他們吸食稱為 "Hashashin" 的鴉片，後人稱為「哈薩辛派」❸，為了抵抗而自我犧牲在所不惜。《劍橋伊斯蘭史》中形容他們為「自我犧牲者」(self-sacrificers)，而學者希爾布蘭登 (Carole Hillenbrand) 則說到他們是在伊朗西北部的刺客教團，在敘利亞一帶傳教，占領了山區。

　　在義大利商人馬可波羅 (Marco Polo) 的《馬可波羅行紀》(*Book of the Marvels of the World*) 裡有寫道：「哈桑（哈山）在兩山之間，山谷之內，建一大園，美麗無比。中有世界之一切果物，又有世人從來未見之壯麗宮殿，以金為飾，鑲嵌百物，有管流通酒、乳、蜜、水。世界最美婦女充滿其中，善知樂、舞、歌唱，見之者莫不眩迷。」這個園子一切都按照人類對天堂的想像所打造，只是平時都用巨石擋住入口，一般人根本無法入內，只

---

❸　現在英文的「暗殺」(Assassination)，是從哈山這一派人的行動所轉變而來的。

有經過哈桑的允許才能進入「天堂」。吉朋也有寫到哈薩辛：「伊斯瑪教派是狂熱的《古蘭經》信徒，混雜印度的輪迴之說與他們先知的洞見，首要的責任是奉獻自己的靈魂和肉體，盲目聽從真主代理人的指示。無論是東方還是西方的人士，都感受到這個教派傳教士所使用的匕首，可以列舉無數基督徒和穆斯林最顯赫的受害者，犧牲在山中老人（這是他以訛傳訛所獲得的稱呼）的信仰、貪婪或憤恨之下。」

　　金庸武俠小說也寫道「山中老人霍山」：「結黨據山，成為威震天下的一個宗派首領。該派專以殺人為務，名為依斯美良派。當十字軍之時，西域提起『山中老人』霍山之名，無不心驚色變。其時西域各國君王喪生於『山中老人』手下者不計其數。」這位「霍山」就是「哈山」，而「依斯美良派」就是「伊斯馬儀派」。金庸更誇大地寫道，哈山的影響力還遠到了英國：「極西海外有一大國，叫做英格蘭，該國國王愛德華得罪了山中老人，被他派人行刺。」這當然就是小說寫法，畢竟在那個時期，是否有能力作遠距離與大範圍的個人或者單一組織行動？而且若如前述哈薩辛派如吸食毒品般的行為，是否有能力執行目的精準的任務？

　　1092 年，塞爾柱的首相尼薩姆穆爾克 (Nizam al-Molk) 遭到暗殺，傳言是哈薩辛的傑作。有史料寫道：「尼薩姆穆爾克一死，王國就四分五裂了。」兩年後 1094 年塞爾柱君主馬利克夏 (Malik Shah) 去世，也很有可能是哈薩辛派所暗殺，隨後塞爾柱立即陷入權位爭鬥的問題，這樣的情況與上述史料的描述有些許相符。此後，直到 1118 年在呼羅珊的桑賈爾 (Sanjar，馬利克夏

圖 24：塞爾柱首相尼薩姆穆爾克遇刺情景

之子）稱霸，才算穩定政局。巴格達的哈里發偶有擺脫塞爾柱控
制的抵抗，例如 1122 年哈里發穆斯塔爾希德 (Mustarshid) 率兵
抵抗塞爾柱，卻在十多年的努力下於 1135 年遭到殺害，下一任
哈里發拉西德 (Rashid) 也有反塞爾柱的行動，同樣以失敗告終。
儘管看似衰弱，但其實進入十二世紀後，塞爾柱仍然是阿巴斯政
治的主角。

第二節　歐洲侵犯與塞爾柱衰退

一、法蘭克人入侵

　　十一世紀末，歐洲的法蘭克人發起了「十字軍東征」
(Crusades)。1096 年，第一批十字軍抵達了東地中海，與穆斯林

正面衝突。現在人們多半瞭解十字軍發起的因素，儘管還是有諸多爭議，但主要就是以法蘭克人為主的軍隊，前往東方取回聖地耶路撒冷。不過，對當時的穆斯林來說，這不是「十字軍東征」，而是「法蘭克人入侵」(Frankish Invasion)，並沒有任何宗教意涵、或是什麼理念，純粹是燒殺擄掠罷了。今日人們多半認為這是基督徒與穆斯林之間的衝突，也會誇大解釋成「十字軍東征」之後至今近千年未曾停歇的文明對立。然而，究竟是哪些穆斯林在面對十字軍的衝擊？這些衝突真的延續千年嗎？

　　1074 年之後，拜占庭曾向羅馬教皇請求協助，希望歐洲的基督勢力能夠提供協助，一同對抗塞爾柱。教皇烏爾班二世（Urban II，法蘭西籍）召開克勒蒙大公會議 (Council of Clermont)，開啟了「拯救聖地」的運動。教皇也說到：「這是上帝的旨意，讓我們把這句值得紀念的話，聖靈所啟示的言詞，帶到戰場上去吶喊，鼓勵基督的武士發揮獻身的精神和奮鬥的勇氣。」不過，這可能不盡然就是要「拯救聖地」，教皇的目的也許是要與拜占庭爭奪優勢與基督教世界的主導權。擊敗穆斯林、奪取聖地，雖是十字軍的重要目的，但這項是現階段的任務，終究還是在找尋機會擊敗拜占庭，進而作為基督世界的霸主。在得知歐洲的法蘭克人正在向東前進這件事之後，塞爾柱素檀阿爾普阿斯蘭並不知道他們到底目的為何。後來的穆斯林史料透漏，法蘭克人承諾要將他們征服的第一座城堡獻給拜占庭皇帝，但最後當東征成功時，卻沒有遵守承諾。這都可見法蘭克人的東征，比較像是在奪取財物與四處征伐，不見得為了基督與聖地，也不是為了協助拜占庭。

　　法蘭克人到東方的時候，對法蒂瑪而言也是潛在的危機。若
塞爾柱擊敗歐洲人，下一個目的必然就是要拿下埃及。所以，有
些研究指出，法蒂瑪反而很希望法蘭克人進入敘利亞地區，成為
埃及與伊朗地區之間的緩衝勢力。有些學者認為這是什葉派（法
蒂瑪）與遜尼派（塞爾柱）之間的矛盾問題，但其實是政治方面
的對立。從前面的歷史脈絡可看到，什葉派與遜尼派之生成，重
點在於政治問題。法蘭克人的到來，姑且不管其目的為何，塞爾
柱若因此失利，法蒂瑪絕對樂見這樣的結果。1096 年，法蘭克
人擊敗羅姆素檀，再大舉進入敘利亞。法蒂瑪與法蘭克人曾商談
勢力範圍的劃分，但法蘭克人堅持要擁有耶路撒冷，這反而讓法
蒂瑪在巴勒斯坦的領土受到威脅，畢竟若十字軍取得耶路撒冷，
距離埃及已沒有多遠。而且，耶路撒冷由法蘭克人取走，也等於
伊斯蘭聖地失守。問題就在於法蘭克人也不願退讓，因為耶路撒
冷也是基督世界的聖地，無論穆斯林如何認定這個地方的地位與
價值，這都不該屬於穆斯林的勢力範圍。1098 年，法蘭克人攻
下耶路撒冷，隨後在東地中海地區，建立了四個王國：艾德薩王
國 (Edessa)、安提哥王國 (Antioch)、的黎波里王國 (Tripoli)、耶
路撒冷王國 (Jerusalem)。

　　當耶路撒冷為法蘭克人占有之後，穆斯林當然相當悲憤。吉
朋寫道：「同樣一件事的結局從歐洲來看是解救而大加讚揚，亞
洲認為是災難，不僅悲痛還要指責。」希爾布蘭登說，沒有任何
穆斯林可看出「法蘭克人到來的動機……他們就這麼無聲無息地
突然出現，將浩劫帶給穆斯林。這座城市（耶路撒冷）的征服是

災難般的事件，極其哀傷地載於史冊，卻毫無反思」。十字軍在西方觀點裡固然是場重大的事件，即使不少人都知道其中毫無神聖意涵，沒有明確目的，但也不會反過來思考穆斯林是不是被冠上了莫須有的負面形象。

二、埃及回歸阿巴斯

耶路撒冷被法蘭克人奪走之後，法蒂瑪已經完全趨於劣勢。十二世紀初，塞爾柱也無法對抗法蘭克人，連敘利亞地區的塞爾柱地方首長也都倒戈而與法蘭克人靠攏。其實塞爾柱在敘利亞地區向來沒有全面掌控，這也可能是阿巴斯初期就留下來的問題，過去敘利亞地區是由巫麥雅家族主導，阿巴斯能夠發揮的影響力本就有限。再加上塞爾柱來自伊朗地區，若與敘利亞地區不和睦，並非敘利亞人要與基督勢力為伍，而純粹是長久以來對阿巴斯的不滿情緒。也有學者提到，敘利亞地區的穆斯林與法蘭克人之間有聯盟關係，是為了共生、共存、共享利益。即使這時期還是有巴格達的哈里發，但很明顯地早已經沒有政治實權。而塞爾柱的勢力主導阿巴斯，也不見得是大家所認同的。

在 1118 年塞爾柱素檀的爭奪告一段落後，其勢力已稍做恢復且穩定。1127 年，塞爾柱素檀命首相贊吉 (Imad al-Din Zengi) 以摩蘇爾（Mosul，今伊拉克北部）作為對抗法蘭克人的據點，隨後收復過埃德薩（Edessa，於今土耳其境內）。哈里發穆克塔斐 (Muqtafi) 稱贊吉為「勝利之王」、「伊斯蘭榮耀」、「哈里發保護者」。不過，贊吉在 1146 年去世，1148 年便發生了第二

次的法蘭克人入侵。贊吉勢力裡重要的將領努爾丁 (Nur al-Din al-Ayyub)，趁機將勢力滲透到埃及。此時法蒂瑪無力與法蘭克人對抗，反而需要努爾丁的協助。1169 年，塞爾柱軍人努爾丁派姪子薩拉丁（Salah al-Din al-Ayyub，英文文獻寫作 Saladin）前往埃及。法蒂瑪肯定也知道塞爾柱的「協助」有「引狼入室」的可能性，但此時擊退基督勢力是最急迫的工作。

1171 年，法蒂瑪的哈里發去世。沒多久之後，努爾丁也去世。薩拉丁頓時成為敘利亞到埃及之區域最重要的角色，隨後入主埃及政府，也以其家族名阿尤布建立勢力，多數研究稱為阿尤比王朝 (Ayyubid Dynasty)。但是，薩拉丁在穆斯林祈禱活動之中，都高喊當時巴格達哈里發穆斯塔迪 (Mustadi) 的名字，將埃及作為還給阿巴斯的大禮。這也代表此時在塞爾柱的努力之下，終於把阿巴斯帝國再度「統一」起來，埃及又回到了遜尼派世界的懷抱。對於薩拉丁來說，雖然埃及已經由他掌握，但卻不是要分裂阿巴斯，而是讓這地區「回歸祖國」。儘管塞爾柱此時看似衰弱了，但薩拉丁拿下埃及一事，讓阿巴斯又如帝國之初將勢力範圍延伸到北非地區。而且，耶路撒冷也在此時收復，對穆斯林而言，薩拉丁的確值得留名青史。

薩拉丁擁有埃及、巴勒斯坦、敘利亞等地，其實就等於承繼了以前法蒂瑪的疆土，包圍著東地中海的歐洲勢力，等於是擔起了對抗十字軍的責任。而且埃及這區域「獨立」已久，儘管要回到阿巴斯懷抱，卻非一時片刻可完成的工作。1189 年，第三次十字軍東征，由英格蘭國王獅心王理查 (Lion Heart Richard I) 領

軍，誓言奪回耶路撒冷，但卻被薩拉丁勢力擋在聖城之外。十字
軍與穆斯林協議：開放耶路撒冷，朝聖的基督徒不會受到干擾。
著名的美國電影《王者天下》(*Kingdom of Heaven*)，其中十字軍
所對抗的穆斯林，就是薩拉丁率領的軍隊❹。

　　有了薩拉丁，讓伊斯蘭本土，其實也就是大伊朗地區，暫
時沒有受到基督勢力
的破壞。十字軍有沒
有能力進入伊斯蘭世
界，人們無從得知，
但擁有埃及與敘利亞
的阿尤比，已然成為
對抗基督勢力、守住
阿巴斯帝國的前線，
大伊朗地區的伊斯蘭
本土不致於會受到十
字軍的侵犯。十四世
紀的摩洛哥學者伊本
巴杜達 (Ibn Battutah)
曾肯定了開羅的重要
性，他說此城市的另

圖 25：薩拉丁像，由十九世紀法國畫家古
斯塔夫・多雷所繪

---

❹　自此，歐洲人沒有機會再擁有耶路撒冷。直到 1918 年第一次世界大
　　戰英國軍隊擊敗鄂圖曼帝國 (Ottoman Empire) 而占領耶路撒冷，英國
　　將領宣稱這是自獅心王理查之後一千年來，歐洲人再次擁有聖地。

一個名字為勝利之城 (al-Qahirah)，「她（開羅）的君王統治者
掌握了阿拉伯人和其他民族的命脈。」這代表對於部分穆斯林而
言，埃及是伊斯蘭世界的保衛者❺。

第三節　阿巴斯帝國的最後餘暉

一、伊朗地區的花剌子模

　　塞爾柱雖從伊朗發跡，也掌握了阿巴斯政局，廣義來說薩拉
丁在埃及的阿尤比王朝也屬於塞爾柱的一部分，抵擋了十字軍。
但是，卻還是無法壓制住「伊朗問題」，花剌子模 (Khwrazem)
便是另一個因素。712 年，在巫麥雅時期，擔任呼羅珊省長的阿
布姆斯林，曾征服過花剌子模。而這樣被征服過的地區，其實不
可能完全臣服於西方來的伊斯蘭勢力。十世紀末，花剌子模屬於
喀喇汗的勢力範圍，到了十一世紀初，花剌子模也曾臣屬於哥疾
寧，其總督阿爾通塔西 (Altuntash) 由哥疾寧任命。是時哥疾寧
與喀喇汗的對戰尚未結束，但花剌子模的阿爾通塔西卻不認為應
該要繼續征戰，導致哥疾寧出兵攻打這個不聽話的下屬。當時的

---

❺　其實在伊本巴杜達的生存年代，伊朗地區已於十三世紀下半葉之後成
　　為蒙古 (Mongol) 的勢力範圍，阿巴斯帝國已在 1258 年滅亡，僅有埃
　　及仍屬於阿巴斯時期所延續下來的勢力，巴格達哈里發王室後人與親
　　戚也逃到埃及。從這方面來看，埃及確實是這時期最為「純正」的伊
　　斯蘭勢力。

塞爾柱還在哥疾寧的控制之下，但已經與花剌子模預謀要對抗哥疾寧。

1034 年，花剌子模總督哈倫 (Harun) 脫離哥疾寧而稱 Shah，即伊朗地區國王的稱號，且獲得塞爾柱的支持。然而，哈倫在隔年被哥疾寧設計殺害，使得塞爾柱得獨自面對壓迫。不過，幾年後，1040 年哥疾寧在丹丹納坎戰役卻敗於塞爾柱之手，花剌子模也在此時納入了塞爾柱的勢力範圍。1094 年塞爾柱素檀巴爾基亞魯克 (Barkiyaruq) 即位之後，正值法蘭克人進軍耶路撒冷，導致塞爾柱分散了對東部疆域的關注，花剌子模便是此際穩定局勢的重要助力。但 1118 年桑賈爾猜忌花剌子模的忠誠，導致雙方關係失和。

與此同時，內亞的遼朝在十二世紀初期衰亡，但領導人耶律大石的勢力西進，建立了西遼。塞爾柱在 1141 年曾東向面對耶律的勢力，但在卡特萬 (Qatvan) 戰役吞下敗仗，河中地區的領土都落入西遼的控制之中。十三世紀的伊朗史家志費尼 ('Ala al-Din 'Ata-Malik al-Juwayni) 在《世界征服者史》(*The History of the World-Conueror At-Malik Juvaini*) 寫道：「河中的素丹（素檀）承認葛兒罕（耶律大石）為他們的君主」❻。由此可見，西遼已經成為塞爾柱東方的重大威脅，而且其實花剌子模也已向西遼稱臣納貢。塞爾柱面對西遼與花剌子模的雙重壓力，還同時要面對西方的十字軍的威脅，腹背受敵。

---

❻　「葛兒罕」（Gur-Khan，又譯為葛兒汗）有「領導者」的意思，如同蒙古的 Khan。

花剌子模其實並沒有意願就此成為西遼屬國,隨後也多次想要擺脫控制,1143 年耶律大石去世,成為花剌子模翻身的重要時機,但多次征戰之後暫無成果。不過,花剌子模對抗塞爾柱,則是獲得了哈里發的協助。1180 年擔任哈里發的納西爾 (Nasir),聯合花剌子模向塞爾柱發起戰爭。1192 年,花剌子模擊敗了塞爾柱,兩年後進軍伊拉克地區,終結了塞爾柱主導阿巴斯的時代。花剌子模在十三世紀初的勢力,涵蓋了裏海地區。至於阿巴斯帝國,雖然沒有滅亡,但已經受盡長久以來「伊朗問題」的折磨了。

二、哈里發與素檀的時代

阿巴斯帝國時期,繼承先知穆罕默德權位的哈里發已然失去權威。但並不代表「哈里發」不再具有權威性,若能夠作為哈里發,仍然有所有穆斯林領導人的象徵地位。於是,即使法蒂瑪王朝是由什葉派穆斯林建立,但領導人仍自封「哈里發」。另外,西班牙的哥多瓦王朝仍是稱為「哈里發」。在阿巴斯的時代,至少有三個哈里發存在,也代表各方都自比為穆罕默德最純正的繼承者,也是所有穆斯林的領導人。扣除哥多瓦已沒有重要性之外,埃及哈里發的影響力大過於巴格達的哈里發。

突厥君主,素檀,則是這時期開始主導十一到十二世紀阿巴斯的歷史。這是阿拉伯哈里發與突厥素檀並存的時代,儘管在阿巴斯帝國初期就出現了阿拉伯人與伊朗人對峙的氣氛,可是哈里發試圖以重用突厥人的方式來和緩阿伊問題,卻逐漸讓突厥人在

軍事與政治方面獲得影響力。在阿巴斯並未就此走入歷史的情況之下，素檀成了伊斯蘭世界的保護者。埃及在薩拉丁之後雖重回阿巴斯懷抱，但其獨立的狀態已然成形，也是素檀掌握權力。阿巴斯從哈里發主導，然後進入「哈里發—素檀」共治的時代。

　　多數研究認為，伊斯蘭勢力從阿拉伯穆斯林於七世紀勢力崛起之後，雖然有巫麥雅的一統時期，但阿巴斯時期卻迅速分裂，出現有阿拉伯人、伊朗人、突厥人爭奪勢力的問題，遜尼派與什葉派的競爭也更加劇烈。這不代表阿巴斯哈里發無能，而是伊斯蘭勢力自阿拉伯地區開始四處征伐後所留下來的歷史問題，特別是伊朗地區成為顛覆巫麥雅與阿巴斯的重要因素。換句話說，伊朗地區已是決定伊斯蘭發展的重要角色。以往的薩珊帝國雖然被穆斯林消滅了，但伊朗地區的抵抗與新勢力成形，卻成為巫麥雅與阿巴斯動盪的重要因素。伊斯蘭的擴張雖然將大伊朗地區納入勢力範圍，但隨後卻一直無法擺脫「伊朗問題」這個幽靈，可見伊斯蘭歷史有很大一部分是以大伊朗地區的發展為主。

　　很多研究強調阿巴斯時期是伊斯蘭世界分裂時期，主要是因為人們觀察伊斯蘭世界都會以「一個整體」的角度來看，認為只有「一統」才是「黃金」時代，各地勢力崛起就成了「分裂」與「衰弱」的時代。但為什麼唯有「一統」才能「黃金」，又為什麼「分裂」就是「衰弱」？也有學者認為，阿拉伯人主導的時期才是伊斯蘭的黃金時期，我們也要反問，又何以不是阿拉伯人主導，伊斯蘭就不會有黃金時期？阿拉伯人確實在往後就不是伊斯蘭歷史發展的要角，但其實在哈里發與素檀並存的時代，伊斯蘭世界呈

現的是多元的面貌，也頗有實力，即使歐洲十字軍也無能進入伊斯蘭中心。

三、巴格達的殞落

　　自法蘭克人入侵之後，有些學者認為法蒂瑪沒能抵抗歐洲武力，伊斯蘭世界就這樣被基督勢力挖掉了一角。但是，以十一世紀末的情況來看，無論塞爾柱或者法蒂瑪，都是首次遇到拜占庭以外的勢力，而且可能連法蘭克人都不清楚自己竟然能夠戰勝。這也可以想見，當代主流輿論探討這千年來基督與伊斯蘭的對立，使得多數人「倒果為因」，認為歐亞歷史之中存在著「文明衝突」(Clash of Civilisations)，但可能那時的穆斯林並沒有這樣的感受，甚至參與其中的法蘭克人也不見得能夠說清楚到底目的為何❼。

　　基督與伊斯蘭的千年之爭，只是以西方立場為中心而來的論點，並不是事件發展的本質，也不應以這樣的觀念來定義法蘭克人與穆斯林之間的關係。以今日的觀念來回顧歷史，自然而然會強調十字軍對伊斯蘭的影響力❽。此外，普遍而言，大家都習慣

❼ 1990 年代冷戰結束之後，美國政治學者杭亭頓提出了「文明衝突論」，加強了人們對於不同文明會相互衝突的印象，也認定往後伊斯蘭文明會破壞世界和平。2001 年發生的 911 事件，阿富汗蓋達組織 (Al-Qaeda) 挾持四架美國民航機，其中兩架撞毀了美國紐約 (New York) 兩棟世貿大樓 (World Trade Center)，更加證實了杭亭頓的論點。

❽ 美國學者波爾克 (William Polk) 在 2018 年出版的 *Crusade and Jihad*，整理了近千年來西方世界對伊斯蘭世界的挑戰，以及穆斯林的對應。這樣的書寫方式，仍然會讓讀者認定基督與伊斯蘭的千年對抗。

了伊斯蘭是激進的、穆斯林是好戰的，而十字軍東征的性質就是為了拯救聖地、擊敗異教徒的戰爭。但是，換個角度來看，法蘭克人入侵對穆斯林來說，是恐怖的摧毀行動，這些歐洲來的基督勢力才是激進、好戰的。若要談及「聖戰」（Jihad or Holy War），儘管在法蘭克人入侵時期，有不少學者提到穆斯林也發揮「聖戰」精神對抗基督徒，但也有學者，如美國的斯特勞桑德（Duglas E. Streusand）認為，無論塞爾柱或者法蒂瑪，都沒有用這樣的概念回應法蘭克人。再放寬視角來看，對阿巴斯的存續最重要的因素，是伊朗地區的勢力交替，而不是十字軍。對於法蘭克人入侵時期的穆斯林來說，基督勢力僅是東地中海的插曲。

　　十三世紀初期，更為內亞的蒙古勢力已然興起，而且1258年在旭烈兀領導之下衝垮了巴格達，讓阿巴斯正式走入歷史。志費尼在《世界征服者史》寫道：「在這些突厥人的那邊，是一支以其兇殘仇報而桀驁不馴、其人數之多……的民族。而契丹人（西遼）實際上是一座把我們和他們隔開來的……牆。當這堵牆除去時，在這個國土內將無和平可言，任何人將不得高枕無憂。今天我在為伊斯蘭哀悼。」吉朋寫道，阿巴斯哈里發穆斯塔辛（Mostasim）在面對蒙古摧毀時說，「奉真主敕令為阿巴斯子孫所建立的君王寶座，他們的敵人往後生生世世都會遭到毀滅的命運，旭烈兀膽敢違抗真主旨意？」由此可見，蒙古勢力才是對阿巴斯最致命的打擊。

　　不過，巴格達的殞落，並不代表伊斯蘭的影響力消逝。從宗教的角度來看，多數族群都是「改信」或稱「改宗」伊斯蘭

教，多數人都已成為「穆斯林」。從政治的角度來看，在中亞與西亞區塊之間，「伊斯蘭」是為「先進」的政治意識形態，阿拉伯穆斯林打下亞洲與北非，其軍事武力的強盛，自然而然成為鄰近各方既畏懼又必須接受的勢力，以致於各方族群都紛紛「伊斯蘭化」，才能夠讓自己「富強」。若不「伊斯蘭化」，必然會成為「落後」、「野蠻」、「保守」的代表。往後的蒙古人，也逐漸融入到伊斯蘭世界裡。而且，從阿巴斯以來的歷史脈絡來看，作為伊斯蘭世界中心的大伊朗地區，就是下一章將提到的蒙古伊兒汗國，也奠定了一定程度的影響力，開啟了新的世界局勢。

Iran

從蒙古伊朗到什葉伊朗

第六章 | *Chapter 6*

伊兒汗國以來的蒙古遺緒

第一節　蒙古西征

一、蒙古人的閃電擴張

　　十三世紀初，蒙古人的勢力開始擴張，鐵木真 (Temujin) 的領導讓蒙古取得內亞草原的優勢，獲得「成吉思汗」(Chinggis Khan or Genghis Khan) 的稱號。在擴張的過程中，西夏、金朝陸續遭到蒙古擊敗，花剌子模也是。傳言花剌子模國王摩訶莫 (Muhammad II) 心生恐懼，儘管領土囊括了今日的阿富汗與伊朗，仍是對蒙古勢力頗為警戒。1218 年，一支蒙古商隊在錫爾河的訛答喇城 (Otrar) 遭到花剌子模的官員殺害，引來蒙古的追殺❶。這正式開啟了蒙古的西征，不但消滅了花剌子模，蒙古

---

❶　學者傑克魏澤福 (Jack Weatherford) 說，這是「蘇丹（素檀）與可汗之戰」。志費尼在《世界征服者史》中也是用 Soltan，譯為「算端」。但花剌子模的領導人稱號是伊朗地區廣泛使用的 Shah，並非 Soltan，可見 Shah 與 Soltan 都是「君主」之意，有時有混合使用的情況。

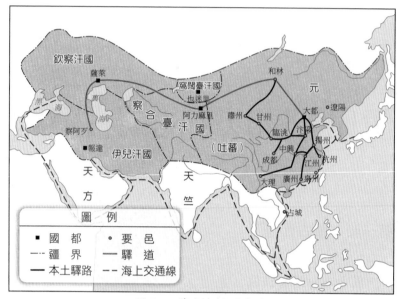

圖 26：蒙古帝國疆域圖

勢力也一路進入高加索、黑海草原。美國學者梅天穆 (Timothy May) 的研究提到有份資料說：「那時候出現了未知的部落，有人稱他們為『韃靼』（Tartar，即蒙古人），但只有上帝知道他們是誰。」可見，蒙古勢力來得迅速，中亞以西甚至以北的人都不知道發生什麼事情。摩訶莫最後在 1221 年死於裏海，而他的兒子則逃竄到印度。

　　蒙古的勢力擴張很快，其實這正好是在大半個亞洲地區都缺少強大國度的時候，彷彿東亞（中國）、中亞、西亞地區突然「凹陷」下去，內亞的蒙古反而成了高地水流源頭，在短時間內傾洩。西夏、金朝都正在崩潰，再加上蒙古不斷追討鄰近地區各地

逃竄的殘餘勢力，便意外帶出了蒙古帝國。芮樂偉韓森 (Valerie Hansen) 則是從氣候的角度來解釋，1175 年到 1260 年之間蒙古地區的氣溫下降，寒冷導致牲畜食用的草量減少，讓蒙古人必須往外找尋草原來解決問題。阿布盧格霍德則說，中亞地區的商貿早就相當暢通，其實當花剌子模強盛的時候，成吉思汗也不敢大意，商隊進入花剌子模勢力範圍時都是用「厚禮」在「試探」對方。成吉思汗也知道，若是沒有機會與中亞穆斯林貿易，可能會讓自己「邊緣化」。但上述花剌子模殺害蒙古商隊一事，對蒙古來說必然是一大貿易損失，也可見蒙古與花剌子模之間的緊張氣氛一觸即發。而蒙古人得以順暢地進入伊朗地區，也應是拜各地商路通行無阻之賜。

　　1222 年，天山南北路與河中地區已有察合臺汗國 (Chagatai Khanate) 的建立。1225 年，窩闊臺汗國 (House of Ögedei) 建立。成吉思汗於 1227 年去世，兩年後，1229 年窩闊臺登上汗位。隨後，蒙古大軍繼續往中亞邁進，於 1235 年開啟第二次的蒙古西征，打入高加索地區，在 1238 年掌握了羅斯公國 (Russ)，基輔 (Kiev) 也成了蒙古人的城市，1242 年欽察汗國 (Golden Herod Khanate) 建立。

　　1246 年，參與過蒙古第二次西征（1235 年到 1241 年）的貴由 (Guyuk Khan) 即位，但這過程之中與另一個曾是汗位繼承人拔都 (Batu) 已有勢力競爭的情結。1251 年，曾與窩闊臺同為汗位繼承人的拖雷 (Tului) 之子蒙哥 (Mongke) 即位。隔年，蒙哥發起第三次西征，派其弟旭烈兀 (Hulagu) 進攻巴格達，1258 年阿

巴斯帝國瓦解。1260 年，旭烈兀的伊兒汗國建立，其領土範圍幾乎等於大伊朗地區。伊兒 (Il) 有「臣屬」的意涵，伊兒汗國也就是效忠蒙古大汗的汗國。蒙古在廣大的歐亞 (Eurasia) 地區所建立的四個汗國：窩闊臺汗國、察合臺汗國、欽察汗國、伊兒汗國，讓伊斯蘭中心地區都納入了蒙古的勢力範圍。

　　前述提到的哈薩辛派，也在 1257 年被消滅。該派的刺殺行動曾經威脅過蒙哥，所以蒙古的反擊徹底粉碎這一勢力。吉朋寫道：「他們唯一的武器匕首為旭烈兀的長劍所折斷，這些人類之敵除了『暗殺』這個字，沒有任何遺跡留下，歐洲的語言只有帶著厭惡的情緒予以採用。」而志費尼寫道：「軍隊中的英勇壯士和蛇一樣的武士（指蒙古人），爬上了那個巍峨和雄壯的宮頂，徹底消滅了那些毒蛇般的異端，把那些歹人的肢體砍成碎片。……他們（蒙古人）迅速地放火焚燒各種建築物，並用毀滅之帚將其塵土隨風掃除，把它們夷為平地。」

圖 27：蒙古軍隊圍攻哈薩辛派的要塞阿拉姆特

在第六次法蘭克人入侵（1228 年到 1229 年）的時候，埃及的阿尤比王朝已經衰弱，竟有意將耶路撒冷讓給法蘭克人。長期下來，十字軍的目的與戰果已經不再如前幾次來得有意涵，而埃及也已經顯露疲憊的狀態，主要都是以當時的突厥軍團來抵擋十字軍。1250 年，突厥軍人取代了阿尤比，建立馬木路克王朝 (Mamluk Dynasty)❷。至於阿巴斯的哈里發，雖然轉往埃及接受阿尤比王朝的庇護，而之後也持續傳承，直到馬木路克王朝在 1517 年被北方的鄂圖曼勢力併吞為止，但往後的阿巴斯哈里發都完全不值得一提了。1260 年，馬木路克與旭烈兀的蒙古軍在艾加鹿 (Ayn Jalut) 一戰，旭烈兀原本也認為應該可以併吞埃及，但蒙哥卻在此時去世。蒙哥之弟忽必烈 (Kublai) 在 1264 年取得汗位，旭烈兀因回頭協助忽必烈，而放鬆了對埃及的征戰。對埃及來說，這當然是一場重大勝利，馬木路克還獲得埃及宗教學者給予「信仰保護者」的形象。

二、蒙古帝國的歷史評價

志費尼對蒙古西征有相當兩極的說法，例如他寫道蒙古人

---

❷ 有些中譯文以「馬木路克」(Mamluk) 的意思「奴隸」作為王朝之名，寫作「奴隸王朝」，但無論是用「馬木路克」或「奴隸」，何以突厥軍團建立王朝後，還會以「奴隸」為王朝名？主要因為後代寫歷史的學者並未採用突厥軍團的立場來寫歷史，故直接使用 Mamluk，但讀者也應知道必然有突厥人立場的史料，只是可能不易取得，或者尚未有人發掘。或許往後有更多史料的時候，需要為「馬木路克王朝」進行「正名運動」。

「把城池平毀，使其地可以耕種，施行報復到連貓犬都不得留下」。但他也寫道：「路人們現在來回通行，而不需要擔驚受怕或遭受繳納過境稅之憂。」蒙古人在大肆破壞之外，其實也是建立了他們的亞洲秩序。然而，這並非蒙古人的特色，其實任何強權建立的過程都是如此，人們不必特別以有色眼光看待蒙古人。

　　從一些例子也可看到蒙古時期的穩定性，例如今日「商隊」的英文 caravan，便是來自於波斯文，而「客棧」caravansari 也是。由此可見，伊兒汗國在伊朗形塑出商業貿易的一統性，至少在中亞到西亞整個區域，是由單一勢力所掌握，不僅是政治力量趨於一致，連特定用詞都可以普及化，而不似以往各方勢力競爭所造成的混亂情況。尤其在忽必烈之後，更以經濟力來打通整個亞洲，儘管以往巫麥雅、阿巴斯在陸路與海上貿易都有成果，但蒙古在這樣的基礎上有更穩定的表現。

　　學者梅天穆問道，「成吉思汗是否想要征服世界？」這得看成吉思汗的「世界觀」。其實可能成吉思汗並無意征服各地，儘管人們稱他為「世界的征服者」，但他在 1227 年去世，完全沒有參與後來蒙古在亞洲各地的征伐，他的「世界」應該僅有內亞，也絕對沒有想到會有後來的大帝國，「世界的征服者」僅是個稱號。而且也有學者認為，保護蒙古草原的安全才是成吉思汗最首要的考量。

　　在蒙古擴張的過程中，有研究指出蒙古其實保存了被征服地區原本的機制，而且任用被征服地的專業人才，凸顯蒙古在人才需求方面的急迫性。但這就牽涉到所謂傳統保持與異文化吸收的

問題，進一步成為蒙古人之間意識形態的爭執。畢竟各地的生活
方式都與蒙古不同，各汗國不得不視情況而去適應新的生活方
式，就會牽涉到帝國延續與否的問題。如學者趙竹成的研究指出：
「蒙古帝國的瓦解，不是單純政治體制的瓦解，更是一種心理意
識上的瓦解。……　同一個蒙古帝國境內當其社會及民族心理意
識差距拉大到無法接合的時候，也就是代表蒙古民族徹底分化的
時候。」

　　不過，伊兒汗國在十四世紀中葉後衰微，而察合臺汗國、欽
察汗國都到了十六世紀才退出歷史舞臺。而且下文將看到從察合
臺延伸而出的帖木兒帝國，也在十四世紀末達到鼎盛，其後代在
隨後於印度建立了「蒙兀兒王朝」(Moghul Dynasty)，直到十九
世紀中葉才瓦解。從整體蒙古勢力的擴張、延續的歷程來看，蒙
古人對於異域之治理，必然自身有相當程度的調整與適應。

第二節　伊兒汗國的各方挑戰

一、伊兒汗國與伊朗

　　如日本學者杉山正明 (Sugiyama Masaaki) 所說，蒙古時期是
「世界史的大轉向」。在世界歷史的發展中，多數人認為是歐洲
人在十五世紀末所謂的「地理大發現」後，讓世界史有了新的轉
變。但其實在蒙古人於西亞奠定勢力之後，世界史就已經轉向
了。在蒙古西征之前，雖有塞爾柱與西方的拜占庭及十字軍的東

西對峙局面，但隨著這東西兩方的勢力都在衰退時，蒙古人便得以如秋風掃落葉的姿態在很短的時間內成為亞洲霸主。

　　在蒙古的勢力範圍之中，伊兒汗國占據了伊斯蘭世界最核心之處，也就是大伊朗地區，而其疆域幾乎與薩珊帝國不相上下。馬可波羅在《馬可波羅行紀》寫到了他行經伊兒汗國，例如第30章：「波斯古為著名強盛大國，今已為韃靼所破毀。」韃靼就是指蒙古人，這也可以看到蒙古勢力的強盛，其勢力涵蓋了整個伊朗地區。第32章提到了伊朗是極大的國家，分有若干國，例如「可疾云」是鄰近今日伊朗首都德黑蘭的城鎮 Qazvin、「曲兒忒斯單」就是庫德族聚集的區域 Kurdistan、「羅耳」在伊朗西南方的部落 Lor、「伊斯塔尼惕」也就是伊朗中部大城伊斯法罕、「泄剌失」為今日伊朗南部的 Shiraz 等。另外，「此地（伊朗）之人崇拜火光。此國中不少殘忍好殺之人，每日必有若干人被殺。若商人武裝不足，則人盡被殺，物盡被掠。」此處的「崇拜火光」，應就是瑣羅亞斯德的拜火特色。不過，馬可波羅的遊記內容，並不見得是他當時寫下來後就原封不動了，有太多資料顯示許多段落都是出自於他人之手，僅當參考。

二、面對南北壓力

　　儘管蒙古勢力掌握伊斯蘭世界，但其實各汗國之間鬥爭頗為嚴重，以伊兒汗國與欽察汗國的對峙最為嚴重。兩汗國為何對峙？伊兒汗國的旭烈兀了解鄰近高加索的亞塞拜然地區物產豐饒、氣候宜人，長久以來是該地區貿易路線的必經重鎮，當然欽

察汗國的君主別兒哥 (Berke Khan) 也知道擁有這區域將帶來的優勢。蒙古對外征伐的過程中，各派人馬都有辛勞的一面，故別兒哥認為旭烈兀不應把這地區完全占為己有。雙方談判無效，在旭烈兀 1265 年去世後，別兒哥更趁勢要拿下亞塞拜然。

　　伊兒汗國的政治中心設在塔不里士 (Tabriz)，靠近高加索，以西面對拜占庭帝國，向南面對埃及，除了上述的經濟效益之外，也具有相當重要的政治意涵。欽察汗國的政治中心則是設在薩萊 (Sarai)，在高加索地區，也是屬於商貿路線的行經之地。伊本巴杜達在 1332 年入境欽察汗國，他提到「薩拉城（薩萊）是我見過最好的城市之一，地域廣大，座落在一片平原之上，居民群集擁塞，還有著良好的市集和寬廣的街道。」塔不里士與薩萊一南一北兩方遙遙相望，伊兒汗國與欽察汗國都深怕任何一方越過高加索這個雷池一步。儘管伊兒汗國換過首都，例如蘇坦尼耶 (Soltaniyeh)，但與塔不里士位置相差沒有太遠，其用意仍然不變。

　　除了正面衝突之外，別兒哥還與南方的埃及馬木路克結盟，要南北夾擊伊兒汗國。在雙方積極結合之下，欽察汗國的伊斯蘭化因此而來，可以加快跟馬木路克的合作，而且也是爭取高加索的穆斯林認同的一個手段。雖然沒有任何資料說明別兒哥何時成為穆斯林，但他的立場促使許多蒙古人也認同伊斯蘭。埃及的馬木路克當然歡迎與欽察結盟，畢竟旭烈兀的壓迫早已讓人聞風喪膽，而且兩方都在爭奪敘利亞與兩河流域，但若兩個蒙古勢力能自相殘殺，對於馬木路克的安全與領土維護就越有保障。馬木路

克雖與欽察汗國結盟，但抱持著「鷸蚌相爭，漁翁得利」的心態。同時，拜占庭與伊兒汗國也有所合作。1270 年代，拜占庭眼見欽察汗國對於其領土北方造成威脅，而馬木路克本來就欲早日將之除去。伊兒汗國夾在欽察與馬木路克之間，得以與拜占庭結盟也不失一好策略。不過，拜占庭過於衰弱，對於伊兒汗國並沒有幫助。

在 1258 年巴格達陷落於蒙古之前，法蒂瑪就已有身為伊斯蘭中心的姿態了。而蒙古西征之後，許多巴格達的宗教學者都逃往開羅，加強了馬木路克的伊斯蘭多元性、重要性。於是，在 1270 年伊兒汗國的合贊汗 (Gazhan Khan) 開始重視伊斯蘭，或許有要與馬木路克爭奪伊斯蘭中心地位的企圖。而且，過去整個伊斯蘭中心地區，都已在伊兒汗國的勢力範圍之內，此時這種宗教認同也有助於增加蒙古人在這區域統治的合法性與正當性。馬可波羅在遊記中寫道，這區域的居民「崇拜摩訶末」，可代表伊兒汗國及鄰近地區境內多為穆斯林的現象。合贊汗也很重視什葉派穆斯林，希望藉此去除掉遜尼與什葉兩派之間的隔閡。

伊兒汗國奪走馬木路克在敘利亞地區的優勢，這也是導致雙方交戰的重要因素。馬木路克甚至還一再與歐洲世界簽署休戰協議，藉此得以專注伊兒汗國的任何行動。伊兒汗國與馬木路克處於對峙狀態，兩方當然互相監視與防範對方。伊本巴杜達在埃及的時候，寫到這邊有很嚴密的過境審查，「為了保證人們的財產安全，以防堵伊拉克來的間諜。」伊拉克在伊兒汗國境內，就是因為伊兒汗國對馬木路克是強大的威脅，所以像伊本巴杜達這樣

的過客，從埃及要進入伊朗，可能就會遇到嚴密盤查的情事。1335 年，伊兒汗國在不賽因汗 (Abu Sa'id Bahadur Khan) 去世之後，陷入權位爭奪的問題，逐漸失去其影響力。

對於穆斯林來說，蒙古在大伊朗地區不僅對伊斯蘭採寬容政策，而且也逐漸融入其中。不過，這應是因為蒙古要以少數人來治理多數人，區域又很廣泛，沿用各地習俗與制度為必然之道。如同過去的阿契美尼德與亞歷山大兩帝國一樣，蒙古也是首次治理廣大區域。但蒙古比較不同的因素在於，阿契美尼德與亞歷山大帝國時期並沒有很強烈的特定意識形態盛行，反觀蒙古所要面臨的是伊斯蘭扎根許久的中亞與西亞地區，所以有一套意識形態作為治理的依據，更有利於蒙古對各地之掌握。

第三節　帖木兒帝國時期的伊朗

一、新時代的蒙古帝國

在伊兒汗國與欽察汗國對峙的時候，察合臺汗國也分裂了。蒙古大汗忽必烈 (Kublai Khan) 與其弟阿里不哥 (Ariq Boke) 之間爭執「漢化與否」的政策，影響到了察合臺的發展。阿里不哥尋求察合臺的孫子阿魯忽 (Alghu) 協助時，阿魯忽卻藉機擁兵自重，奪取察合臺汗位的企圖比起協助阿里不哥來得明顯。阿魯忽於 1260 年取得察合臺汗位，還把勢力範圍拓展到北方，對欽察汗國的邊界安全造成威脅。

此時，窩闊臺汗海都 (Qaidu) 與欽察汗別兒哥合力對抗阿魯忽。然而，阿魯忽、別兒哥、旭烈兀竟然在這個時期相繼去世，讓海都在短短一、兩年之間成為中亞的強權，而且成為忽必烈汗位的重大威脅。忽必烈遂扶植察合臺的後裔八剌 (Baraq) 為新的察合臺汗，試圖要東西夾擊海都。不過事與願違，海都竟擊敗了忽必烈，也聯合了欽察汗國擊敗八剌。這使得八剌受制於海都與欽察汗國，最後讓察合臺汗國受到海都的控制。在忽必烈於1294 年去世之後，海都也在1301 年去世，此後蒙古的內鬥趨於和緩，海都的窩闊臺汗國勢力也衰退，被察合臺併吞。

不過，察合臺內部鬥爭仍未停歇。1331 年登上察合臺汗的答兒麻失里 (Tarmashirin)，主張走上中亞與西亞地區多數穆斯林的農耕生活形態。從游牧轉向農耕，這並不單純只是生活模式之轉變，其實也是意識形態的轉變與鬥爭。對於維持游牧生活的人來說，那些走向農耕者都是游牧社會的叛徒。察合臺汗國內反對農耕制度的勢力，嚴厲抵抗答兒麻失里，導致他在1334 年遭到殺害，也讓察合臺陷入更激烈的分裂狀態。

察合臺汗國分裂的時期，二十五歲的帖木兒 (Timur) 承接了察合臺西部疆域的領導地位，自稱為成吉思汗正統後裔的帖木兒❸，在他三十四歲，即1370 年時，已經是河中地區最大的勢力。帖木兒主張農耕的路線，與東部的察合臺人決裂，雙方的對峙有「爭奪正統」的意涵。過去蒙古廣大的腹地就在伊朗，也就

---

❸　有些研究認為帖木兒其實有突厥血統，並非純正蒙古人。

是伊兒汗國，對帖木兒來說，往
伊朗地區進攻也是重振蒙古雄風
的途徑。隨後十多年的時間，帖
木兒勢力就包含了伊朗南部、兩
河流域，建立了帖木兒帝國。

此外，帖木兒也試圖挑戰欽
察汗國，展現出要一統蒙古的氣
勢。伊兒汗國分裂之後，高加索
地區受到欽察汗國的壓力，所以
相當歡迎帖木兒勢力的進入。
如同伊兒汗國與欽察汗國時期一
樣，高加索仍然是伊朗與欽察爭
奪的地區。又在蒙古勢力於亞洲

圖 28：帖木兒雕像，位於今烏
茲別克塔什干省的帖木兒廣場

逐漸崩解的情況之下，欽察汗國當然也就要以「正統」的姿態
來捍衛蒙古在亞洲的地位。前述帖木兒建立帝國時，所爭的是
生活形態的正統，此時帖木兒與欽察所爭的正統，取得蒙古領
導地位的政治意涵更為濃厚。而時任欽察汗國汗位的脫脫迷失
(Tokhtamysh)，再次向馬木路克提出結盟，要反對帖木兒。

這區域的情勢，雖然扮演伊朗的「演員」不同，但南北對抗
的「劇本」仍然沒有變動。帖木兒與欽察在 1386 年交戰，令脫
脫迷失相當受挫，後者遂轉往中亞，還在花剌子模掀起反帖木兒
的運動。不過，脫脫迷失也在這之後慘敗，讓帖木兒勢力更加穩
定。有史料寫到，大約在 1391 年的戰役中：「在脫脫迷失前面

的是亦的勒河，後面是毀滅的劍。」❹ 帖木兒就是那把「毀滅
的劍」，而高加索與伏爾加河這兩區域，都是欽察較為富庶之區
域，一旦沒有掌握這區域就損失慘重。此後，欽察汗國逐漸衰
弱，但 1405 年帖木兒也去世，亞洲南北兩大蒙古勢力就此退出
歷史舞臺。

二、帖木兒障礙

　　蒙古人的西征進入高加索地區，已導致塞爾柱時期餘存的突
厥人又一波往西方流竄的浪潮。而在帖木兒勢力向西擴張之前，
大約在 1299 年，高加索地區出現了新的勢力，即鄂圖曼人。在
這些往西前進的突厥人之中，有一批由鄂圖曼 (Ottoman I) 領導
的勢力最強，一路跨過海峽而進入巴爾幹半島，成為拜占庭帝國
最大的威脅，也是伊斯蘭勢力首次拓展到歐洲東南方的角落。

　　鄂圖曼的勢力並非一開始就是後人所熟知的鄂圖曼「帝國」，
而是 1299 年在安納托利亞開始奠定基礎的一股勢力，可能連那
個時期的鄂圖曼人都沒有意識到要建立「帝國」。鄂圖曼在 1517
年取得麥加之後，冠上了哈里發的頭銜，從突厥領導者成為所有
穆斯林領導者，必然也是最早鄂圖曼在擴張的時候沒有想到的。
十四世紀中葉，鄂圖曼在巴爾幹半島頗有成果，一再吞噬著拜
占庭的領土。適逢拜占庭的約翰五世 (John V) 與約翰六世 (John
VI) 正在爭奪王位，後者欲結合鄂圖曼的力量擊敗前者。對於拜

---

❹　亦的勒河即 Volgar River，也稱伏爾加河或窩瓦河。

占庭而言，也許這些鄂圖曼人還是塞爾柱殘餘勢力中的殘餘勢力，頂多可說是「鄂圖曼突厥軍閥」。從這樣的角度來看，約翰六世並非偕同另一個「國家」來對抗自己人，而是找尋外地的強勢武力來取得拜占庭的正式權位。在這樣的情況之下，讓鄂圖曼在巴爾幹更有拓展的機會。

但是，1400 年起，帖木兒在撒馬爾罕決定要開始進逼高加索地區，也就是要擊潰西方的鄂圖曼勢力。帖木兒對當時鄂圖曼君主巴亞齊德 (Bayazid) 說，亞洲都已經完全臣屬於我，海洋也是一樣，「你對歐洲的基督徒已經獲得幾次勝利，你的劍受到真主的使者賜與的祝福，你服從《古蘭經》的教誨對不走正道的人發起戰爭，這些是我唯一要考慮的因素，讓你成為穆斯林世界的邊疆和屏障，所以才沒有下手摧毀你的國家。要識時務，要多思考，要能悔改，趕快避開我那報復的雷霆之怒，要知道已經懸掛在你的頭上。」儘管鄂圖曼的勢力發展時間較早，但此刻帖木兒勢力迅速擴張，兩兵交戰也是伊斯蘭霸主的爭奪戰。1402 年戰爭結束，帖木兒獲勝。自伊朗地區開始拓展勢力的新一代蒙古人，再次取得伊斯蘭世界的主要角色。隨後鄂圖曼又把焦點轉回去對付拜占庭，可見帖木兒一度是鄂圖曼不敢面對的力量。

帖木兒不僅對西方的鄂圖曼造成威脅，對於東方的中國也是一樣。1368 年明朝建立之後，也感受到帖木兒的壓力。兩方都曾採取和平策略，以求局勢穩定。當然，那都是權宜之計，雙方仍有擴張的企圖心。1402 年，帖木兒才剛在安納托利亞擊敗想要東進的鄂圖曼勢力，幾乎整個西亞與中亞地區都在帖木兒霸權

的籠罩之下。對明朝來說，所幸帖木兒於 1405 年去世，他原本計畫要進軍中原，卻因為這樣的「意外」而讓明朝頓時喘了一口氣。帖木兒的繼承者沙哈魯巴哈杜爾 (Shahrukh Bahadur)，大概因為勢力並未穩固，故願意與明朝建立友好關係。但這友好關係，建立在互派使團與禮品贈送的基礎上，對明朝而言仍是相當大的負擔，例如要提供使團來訪路程中的住宿與交通，甚至是飲食。從這樣的情況來看，其實明朝趨於弱勢，儘管在諸多研究之中都提到帖木兒帝國在 1405 年之後式微，但明朝還是覺得要盡可能與之保持友好關係，以免國家西側邊防安全堪慮。

如約翰達爾文的著作《帖木兒之後》所說，1405 年後世界就再也沒有腹地面積如此廣泛的帝國了。對於鄂圖曼與中國而言，帖木兒帝國都是難以抵抗的伊朗勢力，「帖木兒障礙」以伊朗地區為主，創造了廣大的亞洲世界一統的局勢。直到帖木兒於十五紀初之後衰弱，鄂圖曼勢力才得以東進，另有什葉派力量興起且建立薩法維王朝 (Safavid Dynasty)，這是早期伊斯蘭中心地區未曾出現的情況。帖木兒之後，伊斯蘭世界出現與過去截然不同的面貌。

三、從陸地到海上的勢力競爭

蒙古勢力籠罩在亞洲地區時，逐漸將穆斯林透過陸路與海路帶入各地，中國也是，例如 1284 年忽必烈時期，元朝就有船隊到達斯里蘭卡 (Sri Lanka)。隨後十四世紀末的「帖木兒障礙」，不僅左右了整個亞洲的發展，也讓更大的世界局勢有了新的走向，即海上貿易興起。

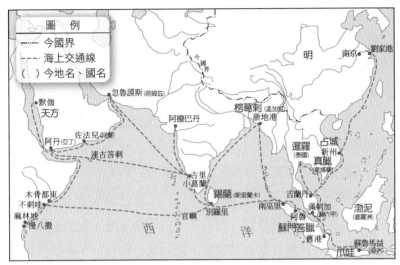

圖 29：鄭和下西洋所經路線，其中荷姆茲又做忽魯謨斯

　　在中國歷史及世界歷史中著名的「鄭和下西洋」，背景便是在亞洲內陸帖木兒勢力強盛時期。1412 年，永樂年間鄭和的第四次下西洋，目的是要前往印度與波斯灣的荷姆茲 (Hormuz)。學者阿布盧格霍德寫道：「霍爾木茲和基什島這兩個中轉港成為新的實力調整的最大受益者。……在接下來的幾個世紀裡，霍爾木茲依然在波斯灣與亞洲貿易中發揮著最為重要的作用，甚至伊兒汗們（伊兒汗國）皈依了伊斯蘭教之後也是如此。它還是十五世紀初，在明朝政府突然鎖國之前最後一支駛向波斯灣的中國艦隊，及鄭和艦隊的目的地，這也許並非毫無意義。」

　　在中文史料裡，荷姆茲寫作「忽魯謨斯」。由鄭和的目的，可看出海上易其實早已開通，至少蒙古時期，例如斯里蘭卡、印度西側等等地區已是重要商貿地點。孟席斯 (Gavin Menzies) 卻

提供了不同的解釋，他認為「忽魯謨斯」是埃及的開羅，因為忽魯謨斯的氣候並不是適合居住，「少植被，無霜凍」，而且清代的文獻曾說鄭和等中國使臣曾經過「勿斯里」，而往後中國與開羅往來貿易的描述增加，「忽魯謨斯」音近「勿斯里」，應是開羅，也有學者證明「勿斯里國」就是埃及（由埃及的阿拉伯語名 Mesr 轉譯而來）❺。

《馬可波羅行紀》也有提到荷姆茲，中文譯為「忽魯模思」，他說這裡接近大洋，「海邊有一城，名曰忽魯模思 (Ormus)。……商人以海舶運載香料、寶石……自印度來此，售於他商，轉販世界各地。此城商業極其繁盛，蓋為國之都城」。荷姆茲就在波斯灣口，要進入印度洋確實很便利。伊本巴杜達也提到，胡爾木茲（荷姆茲）這個城市靠海，這區域有很好的市集，很多貨物從印度來，經過這裡再進入內陸。

波斯灣的海上貿易，對於內陸發展受阻的明朝，其實有相當大的吸引力，也有明朝為了不受「帖木兒障礙」箝制的意涵。鄭和船隊出洋，可能帶有要從海外世界找尋盟友對抗帖木兒的目的。例如，鄭和船隊與埃及（即馬木路克）有所接觸，而鄭和是穆斯林，船隊之中亦有不少穆斯林，也代表下西洋任務的重

---

❺　孟席斯出版的著作，例如《1421：中國發現世界》、《1434：中國點燃義大利文藝復興之火？》，主張鄭和船隊帶給歐洲許多新的想法、器物，帶動了歐洲的發展，包括「地理大發現」。此論受到不少批判，但不妨做為不同歷史思考的方向，畢竟歷史解釋是沒有定論的，隨著時代不同、一再出土的資料的影響，都可能改變人們對於過去的認知。

心，與西亞海域的穆斯林打交道有很大的關係。鄭和船隊中的重要人物馬歡，在他撰寫的《瀛涯勝覽》寫道：「天方國即默伽 (Mekka) 國，……說阿剌畢言語（即阿拉伯語），國法禁酒，民風和美，無貧難之家。」馬歡對於麥加的天房 (Kaaba) 記載精確，例如「外週垣城，其城有四百六十六門，門之兩傍，皆用白玉石為柱」。鄭和有沒有到過開羅仍是個疑問，但麥加是伊斯蘭宗教中心，也是馬木路克的勢力範圍，所以也等於鄭和與馬木路克有間接接觸了。

　　儘管這些事情在帖木兒去世之後開始發展，但這代表其帝國影響力並未就此減弱，反而持續發酵。在十五世紀末，歐洲人也逐漸「發現」世界，如葡萄牙人繞過了非洲南邊的好望角 (Cape of Good Hope)，隨後也有人到了埃及、紅海，也到了印度洋，波斯灣的荷姆茲則是必經之地，後來達伽馬 (Vasco da Gama) 也是由這樣的路線進入印度，試圖取得值錢的香料。在十五世紀末，開始有歐洲人到了印度經商之後，回程則是經由荷姆茲、設拉子、伊斯法罕等伊朗內陸城市，再一路往西北走而進入歐洲。東西方都積極與波斯灣接觸，代表波斯灣足以做為海上貿易時代發展初期的中心。

　　十五世紀之後東西方都積極拓展海上貿易，與大伊朗地區的蒙古勢力有關。伊兒汗國的建立是個遠因，而帖木兒帝國則是近因。成吉思汗以來的蒙古勢力，其潛在的影響、其後座力是其他勢力所難以相比擬的。歐亞世界的關係開始有所改變，就是蒙古所帶來的影響。大伊朗地區在過去內陸勢力具有優勢的時期，創

造了相當不同的世界局勢，而當海上貿易於十五世紀開始成為東西方交流的另一個選項時，大伊朗地區還是相當重要的部分。

　　此外，帖木兒於大伊朗地區衰退之後，世界發展的格局也開始有所改變。過去東西方對峙的模式，例如瑣羅亞斯德與基督、伊斯蘭與基督，直到十五世紀之後鄂圖曼、馬木路克、帖木兒的存在，阻斷了歐洲人向東方前進的路線，以致於在十六世紀開始，歐洲人改以航海的方式進入到亞洲海域，讓歐洲人的力量抵達伊朗的「南邊」。十五世紀為世界發展模式的轉折期，西亞地區東西方的相互對抗仍在，而歐洲的影響力開始進入波斯灣地區，往後歐亞之間的外交、貿易，甚至戰爭，都因為大伊朗地區的利益競爭而產生。

第七章 │ *Chapter 7*

薩法維王朝的起落

第一節　什葉派與伊朗

一、什葉派在伊朗崛起

　　自伊兒汗國時期以來，高加索一帶就成了南北兩個蒙古汗國勢力爭奪的地區，儘管到了十四世紀衝突已經減少，但隨後出現的帖木兒帝國，再度使這一地區戰火點燃，而且更西側的鄂圖曼勢力也與帖木兒在這區域對峙著。1405 年帖木兒去世之後，帖木兒帝國在中亞的殘餘勢力，遭到鄰近的烏茲別克 (Uzbek) 的昔班尼汗 (Shaybani Khan) 侵犯，於 1457 年告終。烏茲別克本為欽察汗國境內的中亞游牧民族，在欽察衰弱之後，襲擊同時也衰弱的帖木兒帝國。而原本帖木兒帝國靠近西亞的部份，則為土庫曼 (Turkman) 部落所掌握，例如黑羊聯盟（Qara Quyunlu 或 Black

Sheep）與白羊聯盟（Ak Quyunlu 或 White Sheep）❶。前者占領了亞塞拜然與帖木兒西側的區域，後者則是在安納托利亞以東的區域，兩方是勢力競爭的對手。

在白羊與黑羊之中，有不少什葉派薩法維道團 (Safavid Order) 穆斯林依附其下。薩法維道團由十三世紀什葉派穆斯林教長薩非 (Sheykh Safi al-Din Ishaq) 所建立，Order 可譯為「道團」或者「教團」，是具宗教色彩也有武裝的組織。可能是長久以來處於戰亂中，有些社群自組防衛勢力。薩法維道團就是這類型的勢力，持什葉派立場的地方武裝組織，抵抗著遜尼派已無法掌握的動盪局勢。薩法維道團選擇什葉派中的十二伊瑪目派，看似宗教信仰的選擇，應視為政治立場的改變。遜尼派勢力之間在高加索地區的爭鬥，已然讓什葉派勢力相當厭倦，構成了薩法維能夠竄起的因素。其實什葉派在高加索往南到巴格達一帶，應本來就有其勢力基礎，例如在阿拉穆特的哈薩辛派，以及卡爾巴拉的什葉派聖地。因此，什葉派在西亞地區的發展並非一天兩天的事，而且靠近高加索地區的遜尼派爭鬥已持續許久，也可能早已經人心思變，十四世紀末薩法維崛起便是「思變」的結果。

伊兒汗國時期，蒙古人與薩法維已有許多接觸，例如合贊汗的首相就很尊敬薩法維的道長。到了白羊時期，薩法維教長朱奈德 (Junayd) 與白羊領導人烏宗哈桑 (Uzun Hasan) 關係密切。朱奈德的兒子哈伊達爾 (Haydar) 娶了烏宗哈桑的女兒，也讓他擔

---

❶ 有學者研究，這所謂的聯盟，大致結合了五十個部落。至於稱為「黑羊」與「白羊」，可能與放牧的羊群毛色不同有關係，沒有定論。

任今日伊朗西北方阿爾達比爾 (Ardabil) 地區的薩法維教長。朱奈德曾自組兵團，由各地部落組成，由於配戴紅色帽子，故稱為「紅帽軍」(Qizilbash or Red Heads)。1467 年白羊戰勝黑羊之後，以塔不里士為部落中心。哈伊達爾的紅帽軍也逐漸擁有自己的影響力，但烏宗哈桑之子阿古柏 (Yaqub) 即位之後，卻要求哈伊達爾放下武裝，只做支持者的精神領導人。1488 年，哈伊達爾遭到白羊的殺害。

　　往後薩法維對抗著白羊，造就了哈伊達爾之子伊斯馬儀一世 (Ismail I)，年僅十二歲就懷有仇視白羊的情緒，號召了更多部落一同起義，組成了「紅帽軍聯盟」(Qizilbash confederation) 對抗白羊。1501 年，伊斯馬儀確立自己在亞塞拜然、甚至到了兩河流域北方的勢力，隨後勢如破竹地進入了今日伊朗西部的哈馬丹 (Hamadan)，也向東到達裏海地區。1508 年伊斯馬儀一世擊潰已偏安在巴格達的白羊，1510 年也統領了呼羅珊與更為東部的河中區域，開啟了接下來兩個世紀的薩法維王朝時代。伊朗地區出現薩法維，不同於法蒂瑪在伊斯蘭世界較為邊緣的埃及，也不同於布葉於巴格達短暫的主導政局，而是在自古以來以遜尼派為主的伊斯蘭中心，建立了穩固的什葉派勢力。薩法維的領土範圍，也比較接近今日的伊朗。

圖 30：伊斯馬儀一世畫像

二、創造傳統

　　薩法維為了加強伊朗地區對於十二伊瑪目的認同，開始
創造什葉派穆斯林的「本土意識」。薩法維刻意在各地安排了
680 年什葉派第三任伊瑪目胡笙去世的戲劇表演，作為悼念的
儀式；什葉派穆斯林去卡爾巴拉朝聖，也可以等同於已經去
過麥加朝聖。這都在創造什葉派在伊斯蘭世界的影響力，讓
什葉派不是伊斯蘭的「異端」，也不是「異教徒」。借用二十
世紀英國左派史家霍布斯邦 (Eric Hobsbawm) 的理論:創造傳
統 (Invention of Tradition)，薩法維確實就是在創造傳統，國王
主張自己是「真主在世界上的代理人」(Shadow of God upon
Earth or Zill Allah)，也是第十二位伊瑪目的代表。美國學者安
德森 (Benedict Anderson) 所寫的《想像的共同體》(*Imagined
Communities*)，也可用於驗證薩法維在伊朗地區凝聚向心力的
目的。

　　有學者研究，其實在帖木兒帝國瓦解後的白羊聯盟，也曾就
刻意塑造他們擁有蒙古血統，以強調他們要延續帖木兒勢力的正
當性，例如統治階層有人的稱號附上 bahadur，即「英雄」之意，
這是蒙古傳統。但問題是，白羊根本就沒有這樣的血統與傳統。
烏宗哈桑也因為對抗鄂圖曼勢力，故給自己 ghazi 的稱號，也就
是突厥人的「戰士」。薩法維的成立，或許想要擺脫「蒙古化」，
讓王朝純粹「伊朗化」與「什葉伊斯蘭化」。由此看來，薩法維
要建立自身的正當性，也是需要「抹除」白羊所留下的「歷史痕

跡」，讓伊朗地區全然「什葉派化」。諸多研究中都強調薩法維以暴力方式強迫遜尼派穆斯林改信什葉派，這或許是事實，但絕非全面如此。畢竟薩法維要改變政治立場、要建立新勢力，必然面對所謂舊勢力的反擊，用較為強勢的姿態來改變既有的政治與社會面貌，實為每個勢力發展初期都會做的事情。在這看似「激進」的時期，不可能所有的人均持反對意見，會有人隨著情勢變化而改變立場，也會有人隨遇而安。

不過，十六世紀的薩法維並非重建了帕提安與薩珊的古伊朗盛世，畢竟這時候伊朗地區書寫的文字、政治型態，都已經與阿契美尼德、帕提安、薩珊帝國沒有直接關係。特殊之處就在於什葉派成為主導伊朗政治的主角，從以往的地方勢力，深入了政治中心。

三、改革政局

鄂圖曼勢力在 1402 年敗於帖木兒之後，暫時沒有繼續東進的機會。但隨後帖木兒衰弱，鄂圖曼的機會再次來臨，於 1473 年君主梅賀米德 (Mehmed) 領軍擊退白羊。但薩法維的出現，讓鄂圖曼的東進在白羊之後又出現新的對手。即使薩法維並無意敵對鄂圖曼，但既然接掌了白羊的勢力範圍，就不得不去面對鄂圖曼的進逼。白羊與鄂圖曼勢力競爭的「遊戲規則」，在薩法維建立之後仍是沒有太大的變化。其實十六世紀初期的鄂圖曼君主巴亞齊德二世並無意與薩法維交惡，但其子塞里姆一世 (Selim I)則是想加快勢力擴大的腳步，摧毀薩法維這個新的威脅成了主要

　　目標。1514 年，薩法維與鄂圖曼在凡湖 (Lake Van) 北方交戰，薩法維在查爾迪朗 (Chaldiran) 一處戰敗，亞塞拜然為鄂圖曼人占領。

　　伊斯馬儀一世在十年後也去世，1524 年由年僅十歲的兒子塔賀馬斯普 (Tahmasp) 即位。此後，薩法維權力落在紅帽軍團手中。原本紅帽軍團就是由多方部落組成，而且是在伊斯馬儀一世很有權威的時候，對內對外都有影響力，儘管前述對抗鄂圖曼失敗，但對於東側的烏茲別克則是頗有成果。然而，任何新勢力所

圖 31：位於伊斯法罕的四十柱宮中，有描繪查爾迪朗戰役的壁畫，鄂圖曼在此戰役中取得亞塞拜然

遇到的問題多在於領導人去世後面臨權位繼承的糾紛。此時薩法維有塔賀馬斯普做為繼承人，但年紀甚小，反而由有武力又有經驗的紅帽軍團取得政治上的優勢。由於伊朗亞塞拜然地區已經為鄂圖曼所掌握，塔賀馬斯普便將政治中心從塔不里士往東南方遷到卡茲文。塔賀馬斯普於 1576 年去世之後，其子伊斯馬儀 (Ismail) 與哈伊達爾 (Haydar) 各自擁有軍團，相互對立。伊斯馬儀雖執政僅十四個月，但致力於剷除異己甚至是打壓自家兄弟。經過十多年的混亂之後，紅帽軍團已各自擁有自己的勢力，陷入軍閥割據的窘境。

　　1588 年，伊斯馬儀姪子阿巴斯一世 (Abbas I) 登基，首要工作便是讓中央政府比以往都要強大，改變過去都由紅帽軍團主導的情況。紅帽軍原本由各大部落組成，阿巴斯一世則是從是否「忠於國王」的標準來招募新的紅帽軍，以確保往後的軍人會效忠國王，而不是效忠部落。而在紅帽軍擁有地方勢力，甚至掌握土地的情況下，阿巴斯一世則是加強王室對於土地的控制，不再由紅帽軍掌管土地或者各行省的事務，一切由國王決定。這並非阿巴斯一世醉心於權力，而是有鑑於他即位之前伊朗政局混亂的情況，紅帽軍各自為政。權力集中並非壞事，反而使政策得以貫徹。

　　為了降低紅帽軍團的影響力，阿巴斯一世在 1599 年將政治中心遷至伊朗中部的伊斯法罕 (Isfahan)。此舉的另一個目的，就是為了緩衝鄂圖曼的壓力，也比較有機會可以掌控伊朗其他地方。這個城市獲得「半個世界」(Nim-e Jahan or half of the world)

圖 32：伊瑪目廣場是伊朗最早被列入世界文化遺產的古蹟，廣場四周分別是伊瑪目清真寺（即圖中清真寺）、羅特菲拉清真寺與阿里卡普宮殿，廣場外則有市集，是十六世紀伊朗重要的集會、交易與活動場所

的美稱，以當代角度來看，確實如此。目前伊朗最重要的伊瑪目廣場 (Meydan-e Imam)，是世界排名前幾大的廣場，有屬於國王的阿里卡普宮殿 (Ali Qapu)、有清真寺、有市場 (Bazaar)，而南方的孕育河 (River Zanyande) 有七、八座橋連通河的兩岸，故兼具陸地交通、內河航運，商業、宗教、政治功能兼具。帖木兒時期的伊本巴杜達在遊記中也有提到，伊斯法罕是「世界上最好、最大的城市之一」。可見，阿巴斯一世選擇此地為新的政治中心，必然考慮到其既定的優越條件，遷都之後再加以開發。

第二節　薩法維的對外關係

一、歐洲人的到來

1487 年之後，葡萄牙人狄亞茲 (Bartholomeu Dias) 繞過了好望角，十年後達伽馬行經相同的路線，到了印度。十六世紀起，葡萄牙人在印度洋開始有所優勢，也逐步往波斯灣前進。葡萄牙船隊進駐荷姆茲海峽 (Hormuz Strait) 與荷姆茲島 (Hormuz Island)，主導了自波斯灣、印度的果阿 (Goa)，甚至到了東南亞的麻六甲 (Malacca) 貿易。

1507 年，北方的薩法維雖然想要從葡萄牙人手中奪回荷姆茲島，但因為當時仍得顧忌西方的鄂圖曼勢力，故伊斯馬儀願意

圖 33：葡萄牙人在荷姆茲留下的碉堡遺跡

接受葡萄牙人占領荷姆茲島這個事實。交換條件是，葡萄牙人必須協助薩法維來對抗鄂圖曼。原本在印度洋 (Indian Ocean) 頗有影響力的馬木路克，在 1509 年於迪烏 (Diu) 遭到葡萄牙海軍挫敗。1517 年鄂圖曼征服埃及，接替了馬木路克在海上的地位，卻在 1550 年代於波斯灣地區敗給葡萄牙，也在十六世紀末時失去海洋方面的影響力。往後超過一個世紀的時間，葡萄牙人主導了波斯灣的貿易發展。

此後，歐洲人到東方的活動越趨頻繁，紛紛成立商貿公司，都取名為「東印度公司」(East India Company)。稱為「東印度」是因為當哥倫布 (Christopher Columbus) 到達美洲之後，以為到達了印度，所以將美洲取名為印度。後來西方人發現那不是真正的印度時，便將大西洋 (Atlantic Ocean) 以西的部分稱為「西印度」(West India)，而在東方的印度稱作為「東印度」(East India) 了。由於波斯灣與歐洲人之間的貿易關係越趨密切，除了前述的荷姆茲島之外，還有阿巴斯港 (Bandar Abbas) 也成為重要的港口。這是阿巴斯一世所建立的港口，做為伊朗與歐洲人交易的定點。

歐洲人與薩法維的接觸，其實懷有對抗鄂圖曼的目的。十五世紀末，當歐洲開始感受到鄂圖曼的壓力時，威尼斯 (Venice) 曾試圖與白羊結盟，以合力夾擊鄂圖曼人。儘管白羊並未回應這樣的請求，但是可看到在鄂圖曼壯大的影響之下，歐洲將伊朗視為關鍵盟友。到了薩法維建立初期，於 1514 年敗於鄂圖曼之後，伊斯馬儀一世對於領土擴張的態度趨於被動，而且往後薩法維也在內亂與穩定之中擺盪，直到阿巴斯一世重整國家之後，才又出現與歐洲人合作的企圖。

　　1598 年，阿巴斯一世曾告知歐洲教皇、神聖羅馬帝國 (Holy Roman Empire) 的皇帝、法國皇帝、西班牙皇帝等等，希望大家一起合作對抗鄂圖曼。但問題是，此時歐洲國家之間的關係並不和睦，以致阿巴斯一世的使節，其中有包括英國人，難以傳達訊息。歐洲與伊朗之間合作要夾擊鄂圖曼，一直都沒有適合的機會。鄂圖曼也在這樣的情況下，勢力更加強大。

　　到了十七世紀的時候，有英國、荷蘭、法國的「東印度公司們」在阿巴斯港設有商館。逐漸地，當英國勢力越趨龐大的時候，英國東印度公司也就成了亞洲貿易的霸主。1615 年，阿巴斯一世給予英國東印度公司相當大的權力，例如自由進出伊朗，英國使節可以在伊朗永久駐留。阿巴斯一世的條件，便是希望英國人協助他們把葡萄牙人趕出荷姆茲島。1622 年，在英國的協助之下，薩法維趕走了葡萄牙人。對於伊朗與英國來說，這是雙贏的局勢，阿巴斯一世的影響力進入伊朗南部，而對於英國東印度公司來說，他們的影響力也從印度拓展到了波斯灣。

二、對鄂圖曼勢力

　　1514 年的查爾迪朗戰役，使鄂圖曼就此完全突破「帖木兒障礙」，但也僅止於此，往後鄂圖曼也進不了伊朗地區。1517 年，鄂圖曼南下擊敗了馬木路克，取得伊斯蘭聖地麥加、麥地那，也包括耶路撒冷。鄂圖曼頓時成了西亞地區的「帝國」，不再只是侷限於安納托利亞高原的鄂圖曼「勢力」了。此後鄂圖曼君主自比為哈里發，也就是所有穆斯林的領導者。但許多宗教學者不認

同突厥君主作為哈里發，畢竟他們並非來自先知穆罕默德的哈希姆家族。鄂圖曼政府強調擁有從埃及取得哈里發的遺物，但也沒有任何證據。不過，無論如何，鄂圖曼作為廣大的帝國已是既成事實，也是薩法維西側無法忽視的障礙。

　　直到十六世紀末，鄂圖曼東部的地方叛亂，使得阿巴斯一世有機會重新取回王朝西側的領土，例如亞塞拜然與安納托利亞高原東部。1605 年，薩法維於塔不里士附近擊敗鄂圖曼軍隊，再次揚威於高加索地區。對於薩法維而言，高加索（包括亞塞拜然）地區之所以有重要性，便是因為伊兒汗國與欽察汗國曾在這區域對立，再加上帖木兒、鄂圖曼、欽察汗國也在這區域三強鼎立，提高高加索的區域重要性。因此，大伊朗地區的西北部已經有一段時間的勢力爭奪，誰擁有這個區域就代表誰最具權威性。薩法維建國之初，以塔不里士為政治中心，也是為了在這個情況最險峻的地方處理對外事務。

　　美國已故學者麥克尼爾 (William H. McNeill) 在《西方的興起：人類共同體史》(*The Rise of the West: A History of the Human Community*) 提到鄂圖曼與薩法維對峙的這段歷史，以遜尼派與什葉派分裂及對立的角度來描述。然而，從歷史脈絡的發展來看，薩法維王朝與鄂圖曼之間的糾葛，本質是前一個時代留下來的邊界問題、勢力爭奪問題，並不是什葉派（薩法維）與遜尼派（鄂圖曼）的教派問題。這是帖木兒帝國瓦解之後所顯現出來的情勢，西亞變得更為多元化也與達爾文著作《帖木兒之後》的概念相符合。

到了十七世紀，鄂圖曼與薩法維之間仍然紛爭不斷，衝突更是從北方的高加索，一直往南到現在兩河流域匯流的阿拉伯河 (Shatt al-Arab)。1629 年阿巴斯一世去世，鄂圖曼哈里發穆拉德四世 (Murad IV) 藉機行動，於 1630 年底再度進軍薩法維西側的哈馬丹。1639 年，雙方簽署了《索哈布條約》(Treaty of Zohab)，鄂圖曼稱《席林堡條約》(Treaty of Qasr-e Shirin)，薩法維擁有亞美尼亞東部、喬治亞東部、亞塞拜然，鄂圖曼擁有喬治亞西部、亞美尼亞西部，而兩河流域為鄂圖曼所有。在這之後，直到 1722 年薩法維滅亡，兩個伊斯蘭國家都沒有再簽署邊界協議，故許多研究認為這是雙方第一次在邊界問題上達成共識。但下一個伊朗的卡加王朝於十九世紀建立之後，伊朗與鄂圖曼的邊界問題再度浮現❷。

三、對蒙兀兒王朝

十六世紀初期，薩法維的東側也出現了新的勢力：蒙兀兒王朝。在十三世紀蒙古向外擴張的時候，因為追擊花剌子模的關係而來到印度北方德里 (Delhi)，但沒有持續追擊下去。原本由

---

❷ 其實伊朗與鄂圖曼的邊界糾紛，到了二十世紀都還沒有解決。1918 年第一次世界大戰結束之後，鄂圖曼為戰敗國，英國與法國瓜分其領土，有一部分英國占領區就成了今日的伊拉克。鄂圖曼與伊朗尚未解決的邊界問題，變成伊拉克與伊朗的問題，兩伊在 1937 年、1975 年都簽過邊界協議，但總因為政府改朝換代而又出現意見不一致的情況，1980 年之後的兩伊戰爭，開戰原因之一也是與邊界劃分有關。

突厥人建立的勢力還延續到十六世紀，大概也是蒙古人沒有繼續推進的關係。也有一種說法，印度的天氣太熱，蒙古人無法忍受。直到帖木兒進入德里，使印度成為蒙古的勢力範圍，這也是 1526 年擁有帖木兒、成吉思汗血統的巴布爾 (Zahir al-Din Mohammad Babur) 在德里西北方崛起的基礎。

　　巴布爾原本為帖木兒帝國在十五世紀末的殘餘勢力，在中亞的費爾干納 (Fergana) 頗有影響力。烏茲別克昔班尼汗的勢力威脅了巴布爾的發展，導致巴布爾在 1501 年之後便四處流竄，但他也伺機找尋重建勢力的機會。薩法維也曾與烏茲別克交戰，最後昔班尼汗命喪伊斯馬儀一世之手，使得巴布爾認為有希望恢復帖木兒帝國的勢力，只是始終沒有成果，烏茲別克的殘餘份子仍在今日伊朗東南部的克爾曼多番抵抗巴布爾。1511 年，巴布爾才因伊斯馬儀一世的協助，從烏茲別克手上取得中亞的布哈拉 (Bukhara) 與撒馬爾罕。1526 年，巴布爾征服了德里素檀國，接著開啟了蒙兀兒王朝的時代。美國已故學者哈濟生 (Marshall Hodgson) 認為，在印度的「蒙兀兒王朝」並非恰當的用詞，因為巴布爾源自於帖木兒帝國，而且帖木兒其實應是突厥血統而非源自蒙古，故應稱為「印度帖木兒」(Indo-Timur) 較為恰當。

　　1530 年，巴布爾去世，其子胡馬庸 (Humayun) 即位，但政局不穩。1554 年，胡馬庸尋求伊朗保護，向塔賀馬斯普國王說如果獲得保護，往後兩方之間的坎大哈 (Kandahar) 一地就歸屬於伊朗。儘管很多研究認為，胡馬庸差點斷送了蒙兀兒的國運，但其實那是草創時期，各方勢力必然不願意受哪一方的主導，紛

亂局勢無可避免。若看同一時期的薩法維，情況也是一樣，十六世紀初建立王朝，到了十六世紀末才算穩定。1556 年，胡馬庸之子阿克巴 (Akbar) 即位，才開始有機會穩定德里的政治勢力。

在哈濟生的形容之中，薩法維、蒙兀兒、鄂圖曼為「火藥帝國」(Gunpowder Empires)，代表這時期伊斯蘭世界的軍事發展以火藥使用為主，比以往的戰爭方式更加有威嚇作用。十六至十八世紀的西亞地區三強鼎立，是伊斯蘭歷史上難得穩定的時代。若要與此時歐洲比較，借用貢德法蘭克的話：「中國的明清帝國、印度的莫臥兒（蒙兀兒）帝國，甚至波斯的薩非（薩法維）帝國和土耳其奧斯曼（鄂圖曼）帝國所具有的政治分量乃至軍事分量，比歐洲任何部分和歐洲整體都要大得多。」儘管多數人的既定印象都是十六世紀以來的歐洲越來越發達與強盛，但仔細觀察「歐亞」的發展，世界運轉的主軸仍在亞洲內陸，也就是伊斯蘭世界。往後歐洲勢力在西亞的擴張，固然造成了很多衝擊與挑戰，但其實也讓伊斯蘭世界增添了歐洲的元素，不盡然只以負面的角度來看待這個逐漸「西化」的時代，《帖木兒之後》的作者達爾文也持一樣的看法。

第三節　薩法維瓦解後的時代

一、阿富汗問題

薩法維王朝建立之初，還是部落聯盟的狀態，到了阿巴斯一

世時期，做了權力集中的變革。阿巴斯一世加強個人權力，往後的薩法維國王做得更加徹底，改變了既有的王朝「傳統」，這導致表面看似改革，其實是破壞既有的王朝結構，也導致地方上仍欲擁有武裝的部落發起叛變。薩法維不是多數人們模糊印象中具「東方特色」的中央集權國家，因為即使阿巴斯一世想要集中權力，卻從來也沒有穩定掌握整個伊朗地區。這問題延續自帖木兒帝國衰弱與分裂之後部落分立的狀態，薩法維的建立也在這基礎之上，以致於阿巴斯一世想要改變也沒有能力，甚至一直到了十九世紀的卡加王朝都沒有改變這樣的情況。

　　1694 年即位的國王索丹胡笙 (Soltan Husayn)，在諸多研究之中都強調他無心於政務、酗酒，成了王朝滅亡的罪魁禍首、末代君王。每遇某個王朝與帝國滅亡時，歷史學者總認為那就是統治階層的專制、腐敗、無能所導致，但其實應從該王朝與帝國所面臨的歷史問題看起。很多問題並不見得就該歸咎於索丹胡笙，畢竟對於政務是否有熱忱，是個人性格問題，重點在於阿巴斯一世以來所削弱的紅帽軍團，促成了新的部隊與紅帽軍之間的對峙，然後一直延續到索丹胡笙都是這樣的情況，這也不是他能夠改變的。派駐於薩法維的歐洲使節都有提到，十七世紀末的薩法維，面臨四面八方部落的衝擊。阿巴斯一世的變革，導致隨後薩法維新舊兩個體系的拉扯，就這樣拉扯之下薩法維滅亡了。

　　1722 年薩法維的滅亡，並不是外來勢力所導致，而是王朝東部阿富汗地區的叛亂。薩法維與蒙兀兒兩個火藥帝國的軍火，在兩方交界的阿富汗地區流通，使得當地部落擁有完善的武裝火

力。十八世紀初，阿富汗地區的吉爾札伊 (Ghilzai) 部落，尤其不滿坎大哈的薩法維總督過於蠻橫，儘管索丹胡笙做了懲處，但已經難以壓制各地不安的情緒。1719 年，吉爾札伊部落領導人馬赫穆德 (Mahmud) 令伊斯法罕感到威脅，馬赫穆德於 1722 年 10 月攻進了伊斯法罕，宣告薩法維王朝滅亡。薩法維新任國王塔賀馬斯普二世 (Tahmasp II) 逃往北方躲難，但仍思索如何扳回一城。

在薩法維瓦解之際，西北方的領土亦遭到外力兼併，一是俄國、二是鄂圖曼。莫斯科 (Moscow) 長期受制於欽察汗國，到了十五世紀末莫斯科王伊凡三世 (Ivan III) 一統俄羅斯，逼使欽察僅剩克里米亞地區 (Crimea) 的領土，任其滅亡。而建立勢力所需要的要素之一就是經濟，向外取得溫暖海域與不凍港以往外發展，便是這時候俄羅斯對外征伐的目的。俄國除了在黑海地區與鄂圖曼衝突之外，也影響到薩法維的發展。

在十八世紀初期薩法維逐漸崩潰的情況之下，讓北方的俄國有了南下進軍高加索、伊朗亞塞拜然省的機會。派駐在伊斯法罕的俄國使節沃林斯基 (Artemii Petrovich Volynsky) 交給俄皇彼得大帝 (Tsar Peter the Great) 的報告，便是說明現在伊朗情況衰弱，可藉機加快對高加索的擴張行動。鄂圖曼也想趁機在伊朗分一杯羹，聲稱如果薩法維願意放棄西北方的領土，他們就願意協助擊敗阿富汗人。但這看來都是場面話，因為 1724 年鄂圖曼與俄國竟簽署了條約，一同瓜分了伊朗西北方的領土。

對歐洲的關係當然也有改變，阿富汗摧毀了薩法維之後，造

成伊朗南部到波斯灣的貿易路線受到衝擊，也因而讓阿富汗政權
與阿巴斯港的「東印度公司們」關係惡化。畢竟薩法維已經不存
在了，伊朗各地與阿富汗政權的關係尚未和諧，波斯灣沿岸都有
阿富汗人與當地勢力的軍事衝突。此後伊朗地區陷入各部落爭奪
勢力的局面，像是來自呼羅珊阿夫夏爾 (Afshar) 部落的納德爾汗
(Nader Khan)，試圖保護塔賀馬斯普國王，南下進軍伊斯法罕，
於 1728 年擊退阿富汗人。

二、阿夫夏里王朝時期

在阿富汗的叛亂之下，薩法維的將軍納德爾汗扮演了保衛
薩法維的角色。1725 年，彼得大帝去世，納德爾汗正好勢力興
起，抵擋了俄國的進一步侵犯。1729 年底，納德爾汗收復了伊
斯法罕，讓塔賀馬斯普二世復位。1730 年，納德爾汗擊退了鄂
圖曼，拿回了高加索地區。1736
年，他更進一步稱王，成為納德
爾國王 (Nader Shah)，開始了由
他部落名而來的阿夫夏里王朝
(Afshari Dynasty)，也以其崛起之
地馬希賀德（Mashhad，今日伊
朗東北方）作為政治中心。阿夫
夏里隔年攻陷坎大哈，進逼阿富
汗地區。1739 年，納德爾國王也
攻打蒙兀兒，進入喀布爾、拉合

圖 34：納德爾國王於 1736 年
開創阿夫夏里王朝

爾 (Lahore)。納德爾國王也在進入德里的印度皇宮之後，將印度河西岸區域收為己有，伊朗在阿富汗地區以東的版圖持續擴大。

這時候中國清朝與俄羅斯在中亞地區的擴張，也成為納德爾國王要取得阿富汗的另一因素，即不僅只是要恢復薩法維時期的疆土，也要防禦來自北方與東方的壓力。1740 年，阿夫夏里的勢力也進入中亞，但俄國將之擋在哈薩克 (Kazakh) 以北。至於對中國的關係，法國學者阿里瑪扎海里 (Aly Mazaheri) 則提到一段納德爾國王與乾隆皇帝勢力對決的故事。由於中亞地區多數都是穆斯林，而且他們在十六世紀有過相當嚴重的衝突，以致於在康熙與雍正兩皇帝時期，就已經處理過這方面的問題。以中亞穆斯林的角度來看，當然不會認同清朝的介入，故往後中亞穆斯林不斷抗清的運動，對於清朝西北邊疆之安定造成相當大的威脅。不過，對於中亞穆斯林來說，清朝的勢力擴張才是威脅。

1746 年，納德爾國王的軍隊進入準噶爾，還招募了葉爾羌、疏勒、浩罕等地方的穆斯林，據說讓乾隆感到威脅。在多次交戰與對峙之後，雙方都有意願建立友好關係。中國方面的意思是，在清朝把勢力拓展到中亞一帶後，發現這些地區的人都承認伊朗的宗主權，所以最好的方法就是中伊在邊界問題上取得共識。中國方面對納德爾國王的描述是：「他是西域最強大的國王，他戰無不勝且從未打退堂鼓」。此外，乾隆送給納德爾國王許多禮物。清單如下：「一百名中國漂亮的男侍和一百名美貌的女婢，一百頭滿載中國絲綢的駱駝，一百頭滿載中國瓷器的駱駝，一百頭滿載中國藥品的駱駝：印度紅花、山姜黃、中國木、良姜……等，

一百頭滿載胃的駱駝。」可見，納德爾國王在十八世紀 40 年代，重振伊朗頗有成果。

儘管如此，這並不代表薩法維瓦解之後，伊朗地區只有阿夫夏里部落擁有優勢。其實自薩法維建立王朝以來有功的卡加部落，此時在伊朗北方仍有影響力，而南方的桑德 (Zand) 部落也挑戰著阿夫夏里的權威。這依然也可以看到薩法維在阿巴斯一世致力於中央集權，但仍難以與帖木兒帝國之後部落各自為政的現象抗衡，在薩法維崩潰之後，更凸顯了各地部落爭奪領導地位的現象。

三、桑德勢力與波斯灣局勢

1748 年納德爾國王遭到部下殺害，短暫的阿夫夏里王朝結束了。在阿夫夏里主導伊朗之際，還有其他部落也都伺機而動。來自於伊朗南部的桑德部落，由卡里姆汗 (Karim Khan) 領導，以設拉子作為據點建立勢力，試圖作為納德爾國王之後伊朗的代表勢力。但是，卡里姆汗始終難以把影響力帶到伊朗北方，畢竟該地的卡加部落也很強勢，以致於桑德部落的勢力只能維持在伊朗南部，例如法爾斯省、波斯灣港口。卡里姆汗維持優勢的方法，便是與「東印度公司們」展開合作關係，尤其是在 1759 年之後，將阿巴斯港的「東印度公司們」轉移到荷姆茲海峽以內、法爾斯省西南方的布希賀爾港 (Port of Bushehr)。此外，桑德也試圖壓制其西側的部落，以取得整個伊朗南部地區的安定。

薩法維滅亡之後，阿夫夏里與桑德都在建立自己的「遊戲規

則」與「秩序」。阿夫夏里的勢力崛起，對於其他部落，例如桑德來說，當然會認為自己也有能力取得優勢。而阿夫夏里來自於伊朗東北方，在伊朗南方就面對桑德的挑戰，但桑德在阿夫夏里王朝結束之後，也難以把勢力往北拓展，只能固守南方。當 1774 年鄂圖曼在黑海地區敗於俄國之際，桑德則是趁勢進入巴格達與巴斯拉 (Basra)，也是展現出要突破侷限的企圖。學者阿馬納特 (Abbas Amanat) 說道，卡里姆汗致力於穩固他在伊朗南部的勢力，其實是因為古代伊朗就是從這區域開始發跡，反而比起中、北部部落更有作為伊朗主導勢力的資格。但卡里姆汗在 1779 年去世，改由北方的卡加部落取得優勢。

　　在伊朗地區混亂的時期，英國在印度的地位正在提升。英國在十八世紀中葉與法國打完「七年戰爭」(Seven Years War, 1756 ～ 1763)，英國在印度地區稱霸，英國東印度公司更成為往後英國在亞洲的代表。而且，英國東印度公司還取得蒙兀兒的授權，成了孟加拉 (Bengal) 的共治者，而公司有法庭與議會，甚至可以組織軍隊進行戰爭。英國與東印度公司在印度的影響力，已經是不可忽視的事實，也開始沒有其他歐洲強權可以與英國匹敵了。在這之後，英國在亞洲地區越來越關注的就是印度。儘管此時印度還不算是英國的殖民地，但許多英國對亞洲的外交政策已經是以印度安不安全作為基本考量，連帶波斯灣的局勢，也受到英國密切關注。

　　薩法維在十八世紀瓦解之後，伊朗陷入部落衝突的時代，而北方的俄國正在高加索拓展勢力，波斯灣與印度已由英國掌握，

　　在這樣的情況下，正巧沒有其他歐洲強權進入伊朗，也就開啟下個世紀英俄兩國在伊朗稱霸的局面。十八世紀中葉之後，「火藥帝國」的時代也正好逐漸消退。在下一章將看到伊朗的發展，也與歐洲政治密不可分，其對外關係受到英俄無所不在的箝制。

Iran

第 IV 篇

近現代的伊朗與世界

卡加王朝時期的伊朗

第一節　卡加王朝之建立與歐洲局勢

　　卡加部落在薩法維時期就有其影響力，1722 年薩法維崩潰時也對維護王權有所貢獻，之後在桑德時期於伊朗北方逐漸取得優勢，以德黑蘭為中心向南方拓展。阿嘉穆罕默德 (Aqa Mohammad) 為卡加領導人，在 1796 年稱王，建立卡加王朝，但於 1797 年去世。其姪子法特賀阿里 (Fath 'Ali) 即位，建立卡加王朝，可是他並沒有機會好好整治內政，因為立即面臨到外在局勢的壓力，這也構成往後卡加內外交困的問題。

　　十八世紀末法國因為革命而在歐洲造成動盪，也深深影響了遠在世界另一端的伊朗。1798 年法軍在拿破崙 (Napoleon Bonaparte) 率領之下，占領鄂圖曼領土埃及。法國在十八世紀的英法百年戰爭落敗之後，就失去了在歐洲與印度的影響力，但在

革命之後，再度對外擴張。埃及處於亞非兩地之間，連接地中海進入東方海域，自法蒂瑪以來就在東方海域有很大的主導性，直到葡萄牙人的到來才轉換情勢，隨後則是英國扮演最重要的角色。拿破崙占領埃及，形同英國的海上霸權受到擠壓，而且連帶就可能會讓作為英國海外經濟支柱的印度也陷入危機。鄂圖曼哈里發派遣穆罕默德阿里 (Mohammad 'Ali) 將軍前往埃及，英軍也集中在埃及力抗法軍，於 1801 年擊潰法軍。

拿破崙占領埃及，對英國的西亞政策產生極大的影響。畢竟這是英國在東方海上建立勢力之後，首次面臨其他力量的衝擊，遂必須加強對埃及的「保護」，讓後方的印度沒有安全問題。不過，這並不代表英國會「保護」所有的鄂圖曼領土。例如，與此同時鄂圖曼在黑海的勢力範圍已經遭到北方俄國的南下進逼，英國卻保持中立，而且若法國有意協助鄂圖曼，英國就會站在俄國那一邊。可見，英國政策只是針對法國而已。

法國占領埃及一事，影響到了伊朗與英國的關係。英國與伊朗簽署了《1801 年初步條約》(*Preliminary Treaty of 1801*)，主要內容談論的是要防止法國勢力滲透到波斯灣的島嶼。雖然最後法國勢力並未進入伊朗，但也代表英國「未雨綢繆」的心態，防範任何威脅他們東方勢力範圍的可能性。不過，英國的擔憂並沒有錯，1804 年拿破崙稱帝之後，對外拓展的目標確實指向了伊朗。1807 年，法國與伊朗簽署了《芬肯斯坦條約》(*Treaty of Finckenstein*)，重點是「法國願意協助伊朗取回高加索的領土，而伊朗協助法國進入中亞」。卡加對於高加索的意圖，此時為穩定與擴大王朝勢力的首要目標。

　　然而，時局變化很快，法國與伊朗的條約並沒有執行，因為同時法國在歐洲大勝反法同盟（包括英國、俄國、普魯士），隨後俄國也決定與法國簽訂和平條約，法國承諾不與俄國競爭。這不但讓英國陷入孤立的狀態，也等於《芬肯斯坦條約》失效。英國又很快地做出回應，於 1809 年再次與伊朗談妥條約，是為《1809 年條約》(*Definitive Treaty of 1809*)，約文寫道：「英國願意與伊朗合作對抗俄國，而伊朗需聘請英國軍官作為軍事顧問，撤換法國軍官。」由此可見，伊朗完全捲入了歐洲的政治糾紛之中。1812 年，法國敗於與反法同盟的戰爭，隨後拿破崙在滑鐵盧 (Waterloo) 戰敗，讓法國再次退出歐亞的勢力競爭。

　　這是伊朗卡加王朝建立時候的外在環境，就是正值歐洲強權勢力都集中在西亞地區。這也導致了卡加在建國之初就被迫

圖 35：拿破崙於 1807 年接見伊朗使者（大門左側屈膝者），之後兩國簽訂《芬肯斯坦條約》

捲入更大的區域與國際問題之中。英國早已接觸過伊朗南部及
波斯灣的部落，無論關係友好或者對立，其關係都比起對北方
的卡加部落來得更為緊密。而且，伊朗與鄂圖曼靠近波斯灣的
交界處——穆哈梅拉 (Mohammerah)，現在稱為乎蘭姆夏賀爾
(Khorramshahr)，英國派駐於當地的駐紮官 (Political Resident) 與
當地酋長關係密切，雙方的交涉並不經過卡加政府。如伊朗近代
史學者亞伯拉罕米恩 (Ervand Abrahamian) 在《伊朗現代史》(*A
History of Modern Iran*) 所說，卡加政府的權威性在德黑蘭之外，
就完全沒有影響力。

第二節　英俄的大賽局與伊朗的領土捍衛

拿破崙戰敗之後，1815 年奧地利 (Austria) 首相梅特涅
(Klemens von Metternich) 主持的維也納會議 (Vienna Conference)
就是為了完全拔除法國的威脅。此後，歐洲獲得了穩定的好機
會，也使往後歐洲勢力開始能夠專注對外發展。歐洲國家之間勢
力競爭的戲碼，就更加地在非歐洲地區上演。當拿破崙的影響力
消逝之後，西亞與中亞地區成為英國與俄國競爭的區域，史稱
「大賽局」（Great Game，也可譯為「大博弈」）❶。

---

❶　十九世紀中葉，英國東印度公司的上尉首次使用「大賽局」一詞，意
　　指英國與俄國在中亞的外交角力。著名的英國小說家吉卜林 (Rudyard
　　Kipling) 在 1901 年出版的小說《基姆》(*Kim*) 使用這詞，往後則開始
　　為眾人所知。1926 年，學術圈也開始使用。不過，有學者認為，吉卜

一、高加索的爭奪

在法國之後，有很長一段時間沒有其他列強可以滲透伊朗，致使伊朗完全受到英俄兩強的箝制。卡加在建國之初，表現出要拿下高加索與阿富汗的意圖，而這兩區域都是薩法維時期的領土。但伊朗軍隊難以抵抗俄軍，於 1812 年吞下敗仗，1813 年簽署了《古里斯坦條約》(*Treaty of Golestan*)，高加索地區屬於俄國，且裏海地區屬於俄國勢力範圍。

對此，英國與伊朗在 1814 年簽署新的條約，「英國將在伊朗受威脅時，提供軍事與經濟協助，但條件就是伊朗保證不會進軍阿富汗。」對英國來說，卡加若有意進入阿富汗，那就等於對印度北方造成威脅。印度有如英國的「阿基里斯腱」(Achilles Tendon)，一碰就痛。卡加仍未放棄對高加索的意圖，幾年後再次敗於俄國，於 1828 年簽署了《土庫曼查宜條約》(*Torkmanchay Treaty of 1828*)，該條約的重點如下：俄國完全擁有高加索地區，也要求伊朗給予領事裁判權。與俄國相比，英國對伊朗反而「友善」，儘管在經濟方面頗為強勢，但並沒有與伊朗有領土衝突。英國對伊朗政局的態度，傾向於「不干涉政策」(non-intervention policy)，這也是許多學者將英國定義成「非

林所強調的「大賽局」侷限在印度，是後人使用時逐漸擴大了其涵蓋面向。另有學者說，「大賽局」比較像是英國單方面的「想像」，也就是隨時擔憂印度會遭到威脅，而十九世紀的假想敵就是俄國，可是，俄國不見得有能力進入印度。

正式帝國」(Informal Empire) 的原因，畢竟不是直接統治海外的勢力範圍，也如約翰達爾文所說的「未竟的帝國」(Unfinished Empire)。

　　不過，英俄都有默契要讓伊朗作為彼此之間的緩衝國，以避免兩國直接衝突，雙方對於伊朗事務，都盡可能達到共識。卡加王位的繼承，也都有英俄兩國的意見。法特賀阿里本來已決定了兒子阿巴斯 (Abbas) 作為繼承人，卻沒想到阿巴斯於 1833 年去世，只好改任長孫穆罕默德 (Mohammad)，可是隔年法特賀阿里國王也去世。在王位繼承制度尚未明確的情況之下，英俄兩國則是表達了他們同意穆罕默德作為新任國王。兩強都認為，若是伊朗政局動盪，也可能造成兩強之間產生衝突，故應適時關注伊朗政局，也有共識要維持伊朗的「主權獨立與領土完整」。

　　此外，由於亞塞拜然及高加索地區成了鄂圖曼、俄國、伊朗的競爭地區，導致卡加部落建立王朝之後，雖然政治中心設在裏海南方的德黑蘭，但卻需要王儲擔任亞塞拜然省的省長。於是，至卡加王朝於 1925 年終結之前總共七位國王，扣除前兩位及最後一位（請見後段敘述），其餘四位都擔任過亞塞拜然的省長。這如同王儲登基前的「職前訓練」，畢竟國家疆域的西北地區面對鄂圖曼、俄國的領土糾紛，形同是伊朗對外關係的重點區域，王儲若能夠熟悉這個區域的事務，就是對處理國政已有基礎的認知。

二、劃分對鄂圖曼的邊界

　　薩法維與鄂圖曼沒有解決的邊界問題，也成了卡加與鄂圖曼

之間的問題。而在十九世紀因為英俄大賽局的關係，原本伊朗與
鄂圖曼邊界這個兩國問題，英俄介入之後變成了四國的國際問
題。1832 年，卡加與鄂圖曼爭奪西側邊界失敗，在隔年簽署《艾
爾澤魯姆條約》(*Treaty of Erzerum of 1833*)，但兩方邊界則是按
照 1639 年薩法維與鄂圖曼簽訂的《索哈布條約》來劃分。這是
薩法維滅亡之前與鄂圖曼最後一次的邊界條約，而且其實鄂圖曼
占有很大的優勢，例如擁有伊朗領土西側部分、兩河流域。

　　1847 年卡加再度挑戰鄂圖曼，仍然戰敗，於隔年 1848 年簽
署了第二份的《艾爾澤魯姆條約》。鄂圖曼進一步指出，在波斯
灣頂端，即阿拉伯河 (Shatt al-Arab) 出海口與鄰近的穆哈梅拉地
區，都是屬於鄂圖曼領土。而其實穆哈梅拉的酋長認為自己為伊
朗人，並不在鄂圖曼管轄之下。鄂圖曼的態度始終強悍，導致
此時已經較為明顯介入伊朗事務的英俄兩國，在 1850 年開始派
遣調查團深入伊鄂邊界，甚至畫出地圖。對於邊界問題，畢竟那
些是薩法維時期的事情，薩法維滅亡後伊朗地區也有半世紀的亂
象，卡加應沒有取得足夠的歷史檔案與鄂圖曼交涉。

　　在英國外交檔案的地圖中，穆哈梅拉是在伊朗的領土內。這
也是因為長久以來英國在波斯灣地區，已經與伊朗南部的酋長與
部落建立關係，穆哈梅拉便是其中一處。不過，鄂圖曼並不認同
英俄的作法。1877 年 4 月起，鄂圖曼再次與俄國交戰，在戰敗
之後所簽署的《聖斯特法諾條約》(*Treaty of St. Stefano*) 之中，也
提到了鄂圖曼與伊朗的邊界問題，俄國要求鄂圖曼部分東北側的
領土歸還給伊朗。當然，鄂圖曼只是因為戰敗而不得不接受條約

規範，實際上並不認同這次的領土轉移。

　　1870 年，歐洲的普魯士 (Prussia) 擊敗法國，一統成為德意志帝國（Deutsches Empire，後文稱德國），逐步成為歐洲強權，更在 1888 年威廉二世 (Wilhelm II) 登基後，開展「世界政策」(Welpolitik)，試圖將觸角伸展到世界各地，與英、法、俄等強權一同爭奪世界。德國成為鄂圖曼積極合作的對象，試圖藉著德國進入西亞，來抗衡英俄的壓力。伊朗與鄂圖曼長期的領土糾紛，此際受到英俄的干涉，以致於鄂圖曼在 1911 年時有意將這個問題提交給海牙的國際法庭 (Hague Tribunal)。

　　對此，英國考量穆哈梅拉與波斯灣地區都是其原本占有優勢的地方，國際法庭的判決結果可能不會如英國所願。此外，英國也認為德國會在國際法庭中協助鄂圖曼，這樣一來，更有助於德國與鄂圖曼的合作。於是，1912 年英國與鄂圖曼簽署協議，讓穆哈梅拉仍保留在伊朗境內，但胡澤斯坦一處的石油產地則割讓給鄂圖曼。在邊界問題方面，伊朗本就處於劣勢，此時又因為英國自身的利益考量，伊朗成為被犧牲的一方。

三、阿富汗情結

　　薩法維在 1722 年遭到阿富汗地區的吉爾札伊部族消滅，儘管吉爾札伊隨後遭到擊退，但伊朗本土的勢力也沒有機會再進逼阿富汗。在納德爾國王時期，其重要的軍官阿賀馬德 (Ahmad) 來自於阿富汗的坎大哈。納德爾國王被殺害之後，阿賀馬德回到坎大哈，獲得推選成為領導人。阿賀馬德自此建立自己的勢力，

要作為最有價值的王朝，遂稱為杜蘭尼王朝 (Durrani Dynasty)，即如同珍珠般珍貴的王朝。

不過，很快地王朝就面臨兄弟間爭權奪利的問題，主要以喀布爾 (Kabul)、坎大哈、賀拉特 (Herat) 三地區為主，王室子嗣爭奪著誰可以取得王位。賀拉特的蘇賈 (Shuja) 在權位爭奪之中失勢，逃往印度。1807 年，由於法國想藉著與伊朗合作進入中亞與印度，英國人便與蘇

圖 36：阿賀馬德在納德爾國王被殺後建立杜蘭尼王朝

賈合作，要進入阿富汗抵抗法伊結盟的威脅。阿富汗有任何動盪，也都讓英國認為印度安全堪慮。

在伊朗對俄國、鄂圖曼的戰爭失利之後，就把焦點放在領土東側的賀拉特。如同對高加索的收復失土之戰，賀拉特也是卡加所要收復的失土。1834 年英國協助蘇賈在喀布爾登基，伊朗在 1837 年計畫進軍賀拉特。對此，英國一再認為伊朗受到俄國的慫恿，擔憂俄國會藉機進入印度。英國的態度，便是無論如何都認為是俄國的意圖，也不可能容忍伊朗收復失土。儘管英國透過外交人員的交涉，讓伊朗停止了對賀拉特的行動，但英國對於伊朗的防範並未停歇。

1854 年，俄國與鄂圖曼的戰爭又起，也就是著名的「克里米亞戰爭」(Crimean War)。俄國一再想要突破黑海海峽❷，鄂圖

---

❷　即博斯普魯斯海峽與達達尼爾海峽 (Dardanelles)。

曼的伊斯坦堡政府首當其衝。另一方面俄國也致力於煽動著巴爾幹半島脫離鄂圖曼管轄的情緒，例如 1829 年希臘的獨立運動。英國為俄國的競爭對手，當俄國要動搖鄂圖曼的穩定時，英國便強調要「維護鄂圖曼的主權獨立與領土完整」。於是，當 1854 年俄國要防止法國與鄂圖曼的合作而導致戰爭又起，英國當然是和法國與鄂圖曼站在同一陣線，全力將俄國逼退至黑海以北，於 1856 年克里米亞的戰爭之中擊敗俄國。

這場戰爭本應與伊朗無關，但前文提到卡加想要取得賀拉特，在 1838 年時並未成功。英國仍然擔憂伊朗這個意圖，尤其若有俄國的協助，那對於英國在印度的勢力就是相當大的危機。克里米亞戰爭期間，英國公使向伊朗國王說道，希望此時卡加不要對賀拉特有所意圖。英國的意圖就是避免要對抗俄國之外還要分心與伊朗對立。但是，對於伊朗的納塞爾丁國王 (Naser al-Din Shah) 來說，當英國正在對俄交戰的時候，便是趁勢進軍賀拉特的好時機。

伊朗最後在 1856 年 10 月才占領賀拉特，英國被逼得在波斯灣、阿富汗出動軍隊，擊敗伊朗。1857 年，英國與伊朗簽署《巴黎條約》(*Treaty of Paris*)，其中相當重要的部分就是伊朗必須放棄對賀拉特的意圖。這份條約可以說是後來賀拉特與伊朗正式劃分開來的關鍵，而且是因為英俄在中亞的南北夾擊之下所出現的情況。卡加「收復失土」（高加索與阿富汗）的目的，已不可能達成了。

在克里米亞戰爭、英伊戰爭之後，英國立即又面對了 1857

年印度叛變 (Indian Munity)。從地理位置來看，此時英國面臨到的是掌握鄂圖曼帝國、伊朗、阿富汗至印度政治優勢的重大危機，彷彿「犯太歲」一般動盪不斷。因此，由 1857 年英國算是完全掌控西亞、中亞到南亞的結果來看，英國絕對不允許這區域再有任何動盪與挑戰，才能讓英國的海外霸權延續下去。

第三節　卡加的策略變革及區域局勢變化

一、利權外交

　　十九世紀歐洲國家實力正處於巔峰，伊朗等非西方國家也只能先考量外國因素以減少衝突，導致於卡加政府施政無法按自己所願。1872 年 7 月，伊朗與英國的媒體大亨路透 (Paul Reuter) 簽訂《路透利權》(Reuter Concession of 1872)，其內容包含了鐵路、煤礦、電報、郵政、石油等項目。路透需要政府的資助，但英國政府認為這個企圖心過大，無意做為路透的經濟後援。

　　這是英國第一次有民間人士與伊朗政府經濟合作，過去並沒有這樣的經驗，也代表英國政府謹慎之處。而且，這項利權簽署的時刻，正值伊朗納塞爾丁國王出訪俄國，俄皇極為不滿，認為這樣有可能就讓英國勢力滲透到伊朗全境。在面臨壓力之下，隔年納塞爾丁國王取消《路透利權》。

　　不過，《路透利權》開啟了英國對伊朗政策的新路線。既然伊朗有意願藉由利權給予的方式來改善自身經濟局勢，英國自然

樂見接下來的合作能夠水到渠成，只要別如同《路透利權》一樣
涵蓋過多層面、引來俄國不愉快，便是最基本的底線。而且，英
國政府還透過政治外交的力量，推動對伊朗的商貿交涉。1888
年，擔任過英國國會議員的沃爾夫 (Henry Drummond Wolff)，以
特使身分前往伊朗，與伊朗首相商談伊朗西南方卡倫河 (River
Karun) 的使用權，在 1889 年簽訂了《卡倫河利權》(*Karun
Concession of 1889*)。但是，這也不代表俄國沒有反對意見。同
年 11 月，俄國與伊朗簽訂了鐵路協議，至少十年的時間伊朗境
內不得興建鐵路，到期之後將再延長十年。

1890 年 3 月，伊朗與英國簽署了《煙草利權》(*Tobacco
Concession of 1890*)，伊朗煙草只由英國獨占。但這個利權又讓
英國受到挫折，伊朗煙草商群起抗爭，甚至掀起抵制吸煙的運
動，導致 1892 年伊朗國王取消這份利權，伊朗必須賠償給英國
五十萬英鎊。從這一段歷史可以看到，英國與伊朗都在嘗試新的
合作關係，而且也都需要考慮俄國的態度，以及伊朗社會方面的
意見。伊朗國王的作法，其實並沒有問題，除了是新策略的嘗試
之外，伊朗也是要找尋經濟方面的收入，國王必然認為《煙草利
權》可以為國家整體帶來利益，也許往後可以改善伊朗全國上下
的經濟狀況。然而取消的結果就是賠償，讓國家財庫更加空虛，
連帶 1901 年伊朗首相只好向俄國貸款。社會上的反對其實並非
無理取鬧，但這可以看到國家決策與社會觀感之間的落差，而每
個國家都會有相似的情況出現。1896 年，納塞爾丁國王遭到反
對勢力刺殺身亡，顯見當時政局處於相當緊張的狀態。

1901 年伊朗首相阿敏阿蘇潭 (Ali Asghar Amin al-Soltan) 與英國資本家達西 (William Knox D'Arcy) 簽署了《石油開採利權》 (*Oil Concession of 1901*)，其中伊朗北部五省，即俄國較有優勢的區域，英國不得開採石油，但是絕大多數的伊朗領土，英國有六十年的時間可以開採。這份利權成為十九世紀下半葉以來第一個順利執行下去的利權，接下來達西重用的工程師在 1908 年 5 月，於伊朗西南部的所羅門清真寺 (Masjed-e Soleyman) 挖到石油，成了西亞世界第一口重要的油井，也是改變西亞與世界關係的重要油井。隔年英國也成立了英國波斯石油公司，正式開啟了英國在西亞的石油事業。

二、《1907 年英俄協定》

德皇威廉二世懷有「進入東方」(Drive to the East) 的企圖，例如向鄂圖曼取得在其境內興建鐵路的利權，後於 1903 年簽署《巴格達鐵路利權》(*Baghdad Railway Concession*)，藉此讓德國的影響力進入西亞。自十九世紀英國開始發展鐵路運輸之後，歐洲國家也都相繼跟進，成為壯大國家勢力的手段。於是，巴格達鐵路將連結歐洲與西亞，不僅代表德國勢力的擴張，也代表鄂圖曼想要藉由與德國之合作，來擺脫英國與俄國的壓力。巴格達鐵路雖然沒有進入伊朗，但終點站設在相當靠近波斯灣的巴格達，對於英國來說彷彿芒刺在背，也有威脅印度的可能性。

此時俄國也面臨挫折，尤其是 1904 年與日本爭奪中國東北而爆發戰爭，結果卻是戰敗收場。這導致俄國在 1905 年爆發革

命，革命人士思索戰敗問題應該來自於不如日本一樣有一套憲法，所以俄國需要憲法，也要降低俄皇的權力。這也影響了俄國的外交方針，1906 年擔任外交部長的伊斯沃斯基 (Alexander P. Isvolsky) 即主張與英國、德國和緩關係的策略。英國外交部長葛雷 (Edward Grey) 也欲與俄國重整兩國關係，以避免在德國勢力的衝擊之下，還得顧及俄國的意見。1906 年起，英俄外交部長有相當頻繁的協商。

　　1907 年 8 月 31 日，英俄兩方簽署《1907 年英俄協定》(*Anglo-Russian Convention of 1907*)，針對西藏 (Tibet)、阿富汗、伊朗，談妥各自的勢力範圍。伊朗為該協定最特殊的部分，北方為俄國的勢力範圍，東南方為英國的勢力範圍，中間區域為中立緩衝區。在協定的其他部分，讓阿富汗與西藏都成為英國勢力範圍，而俄國也就確定在中國的新疆、中亞地區擁有優勢。雖然這不代表往後英俄之間就沒有意見相左的情況，但至少在這個時機點，可以專心應付德國。再加上十九世紀末俄國與法國為應付德國而結盟，1904 年英法結盟以確認彼此在非洲的殖民勢

圖 37：巴格達鐵路由德國柏林延伸到鄂圖曼帝國巴格達，連接歐洲與西亞

力,《1907 年英俄協定》進而讓英法俄三國組成了「三國協約」
(Triple Entente),成為當時德國、奧匈帝國 (Austrian-Hungarian
Empire)、義大利「三國同盟」(Triple Alliance) 的對手。

第四節　1906 年伊朗立憲革命及隨後的對外局勢

一、鐵路外交

　　當德國藉由巴格達鐵路進入鄂圖曼境內,對英俄造成威脅的
時候,伊朗的鐵路禁令已經即將失效,這頓時間形成了英俄都有
意要在伊朗找尋興建鐵路的機會,準備要對抗德國。1910 年鐵
路禁令到期,俄國於 11 月與德國商談鐵路方面的問題,在德國
波茨坦 (Potsdam) 開啟了近一年時間的交涉。時任俄國外交部長
的薩左諾夫 (Vladimir Sazonov) 遭到國際輿論與英國的批判,認
為他與德國的交涉破壞了《1907 年英俄協定》,但薩左諾夫否認
這樣的說法。

　　1911 年 8 月,俄德簽署《波茨坦協議》(*Potsdam Agreement
of 1911*),談到了俄國在伊朗北方勢力範圍鐵路興建事宜,也會
與巴格達鐵路支線連結,而德國勢力不得進入這個範圍內。薩左
諾夫強調,該協議並沒有破壞《1907 年英俄協定》,也沒有影響
到英國在伊朗的勢力範圍。他在自己的回憶錄也說道,沒有人知
道巴格達鐵路何時會完成,或許在完成時,鐵路議題已經沒有那
麼重要。同時,英國也與伊朗簽署鐵路契約。

　　在俄德的波茨坦會議期間，英國因為擔憂俄國改變立場，而立即與伊朗討論在英國西南方興建鐵路的可能性。尤其英國在穆哈梅拉的貿易活動頻繁，這地方若有鐵路可以進入伊朗其他內陸地區，可加強英國在伊朗的影響力。對於伊朗而言，英國提出的鐵路合作相當有吸引力，這也是在英俄壓力之下，取得一部分主導權與話語權。9 月，英伊在《波茨坦協議》簽署之後，也簽署了一份鐵路契約，讓英國得以在伊朗西南方興建鐵路。

　　然而，這不代表英俄關係就此決裂。俄國在 1908 年就有要在伊朗修築一條縱貫南北的鐵路，以抗衡巴格達鐵路的影響。這個想法俄國於 1910 年再次提出後，英俄資本家都參與了這條鐵路的興建計畫。只是討論過程之中，雙方意見嚴重相左。俄國認為，縱貫鐵路應從德黑蘭往東南方進入俄國勢力範圍邊緣的亞茲德 (Yazd)，然後再往東南穿過中立區，接著直接進入英國勢力範圍的克爾曼，再延伸到印度。

　　對於英國來說，俄國的鐵路路線不懷好意，不僅直接進入英國勢力範圍，而且也要滲透印度。故英國認為鐵路線應從德黑蘭直接南下進入伊斯法罕，穿過中立區而抵達波斯灣的阿巴斯港。這樣的路線，完全沒有進入英國勢力範圍，而且英國認為這樣距離巴格達鐵路較近，比較可以抵抗鄂圖曼境內巴格達鐵路的影響。英俄雙方沒有取得共識，而且 1914 年 7 月第一次世界大戰爆發，所有鐵路的工程都中斷了。

二、1906 年立憲革命

前述日俄戰爭的結果，不僅對俄國有所影響，其實對亞洲國家也有影響。中國清朝因為看到日本在西化改革後強盛的姿態，也著手立憲運動，同時伊朗也是一樣。中國的報紙例如《申報》、《大公報》，都有報導伊朗立憲運動的情況。1908 年，鄂圖曼也有繼 1876 年來的第二次立憲運動，其觸發的因素也是日俄戰爭。1904 年日俄戰爭雖然在東方爆發，但卻有一連串蝴蝶效應出現在莫斯科、北京、德黑蘭、伊斯坦堡。

在《煙草利權》之後，社會上已經有很明顯的反政府聲浪，到了二十世紀逐漸形成了一些要求改革的訴求，例如要限制王權、減少外國勢力的壓迫。1905 年之後，制定憲法的潮流已經無可抵擋，重病的穆薩法爾丁國王 (Mozaffar al-Din Shah) 於 1906 年 10 月同意國會 (Majles) 成立，也在 12 月 31 日決定憲法制定通過。不過，穆薩法爾丁也在隔日去世。這是時局正在轉變的時代，國王去世不盡然是因為他的病痛，而可能是不得不接受反對聲浪而導致過大的心理壓力。其子穆罕默德阿里 (Mohammad 'Ali) 為亞塞拜然省的省長，立即前往德黑蘭登基。然而，穆罕默德阿里擔任省長時期，因為與俄國人關係緊密，導致形象不佳，他登基之後也受到許多人的質疑。

新國王主張延續其父親的政策，也認同憲法。不過，他卻觀察到國會議員並不盡然都了解國會如何運作，也有些議員缺席不參與討論，更嚴重的是舊有的政策，例如俄國的貸款，全部都取

消了。對於國王來說，貸款為逼不得已，但今日為了刻意對抗俄國而把貸款取消，往後國家該如何發展？國家政策該如何延續？看來立憲份子並沒有更高層次的目標，只是想要奪取政治權力而已。穆罕默德阿里國王非常不能認同這樣的情況，遂一再表示要由他來監督國會。在憲法制定的過程中，雖有宗教人士參與，例如塔巴塔巴伊 (Mohammad Tabataba'i) 與貝賀巴哈尼 (Abdollah Behbahani)，但也有宗教人士努里 (Sheykh Fazallah Nuri) 認為這套憲法完全沒有尊重伊斯蘭教。

　　這使得國王找到了對抗立憲份子的幫手，與努里成為同一陣營的合作伙伴，在 1907 年促成國會通過了補充法案 (Supplement Law)，特別指出十二伊瑪目派為伊朗的國教，而且也要尊重國王的地位以及其子嗣的權位繼承。可是，反對國王的活動仍層出不窮，甚至有暗殺國王未遂的事件。1908 年 6 月 23 日，國王運用他的個人軍團，砲擊國會。這引來更多的反對勢力，伊朗西北部與西南部的勢力合攻德黑蘭，最後於 1909 年 7 月 17 日罷黜穆罕默德阿里，隨後由他的長子阿賀馬德 (Ahmad) 即位。但是，阿賀馬德僅有十三歲，按照 1907 年憲法補充法案，「王儲若不滿十八歲，必須由年長者擔任攝政」。

　　穆罕默德阿里國王遵照他父親的遺願，他也一再強調過尊重憲法，只是問題在於他登基時間與憲法啟用的時間幾乎同步，等於沒有時間讓他與立憲份子有磨合的機會。當穆罕默德阿里試圖監督國會，立憲份子當然不願意這得來不易的政治成果又出現阻礙，故有必要剷除國王的政治權力。穆罕默德阿里並沒有錯，而

且新舊變化並不可能即刻完成，也沒有誰知道立憲之後到底會有
什麼結果。穆罕默德阿里又在執政短短兩年之內就遭到內戰的衝
擊，沒有很好的時間讓他調適這個變化，所以這兩年來的動盪，
並不是若干研究學者所說是立憲份子與伊朗民主的挫敗，而是國
王穆罕默德阿里的挫敗。

三、修斯特事件

1910 年，伊朗政府要聘請外籍顧問，仍然受到英俄兩國的
壓力。英俄兩公使都要求伊朗政府只能聘用歐洲小國的顧問，當
然有避免伊朗尋找德國顧問的意涵。伊朗國會決定從美國聘請顧
問，而美國政府最後推薦在菲律賓 (Philippines) 已有財務顧問經
驗的修斯特 (William Morgan Shuster)，而他也相當樂意為伊朗政
府服務。其實美國在西亞地區沒有利益問題，畢竟美國自 1776
年建國以來，保持國父華盛頓 (George Washington) 的作法：「關
注美洲事務，不介入歐洲問題。」十八世紀中葉門羅總統 (James
Monroe) 著名的「門羅主義」(Monroe Doctrine)，主張「孤立於
歐洲事務之外，也不希望被歐洲國家干涉」。

這只是表面話，其實是美國沒有能力被歐洲事務牽連，孤
立的門羅主義有利美國的生存。即使到了二十世紀初期，美國
在總統老羅斯福 (Theodore Roosevelt) 的「巨棒外交」(Big Stick
Diplomacy)，還有塔虎脫 (William Taft) 的「金錢外交」(Dollar
Diplomacy) 領導下，更加強對中南美洲的控制，而且也把勢力範
圍拓展到太平洋、東亞，但歐洲事務始終不是美國對外關係的重

心。西亞事務長久以來都在歐洲勢力影響之下，美國當然沒有太多利害關係。

英俄勉為其難同意伊朗的決定，修斯特在 1911 年 5 月底抵達伊朗，而且伊朗國會立即讓修斯特擔任財政總長 (General Treasurer)，給予他崇高權力。修斯特固然是以專業人士來處理伊朗事務，但問題在於「專業理想」與「政治現實」有差距。修斯特欲編制財政憲兵隊 (Treasury Gendarmerie)，從德黑蘭派遣憲兵隊到伊朗各地收稅。隨後修斯特想聘用英國籍軍人史托克斯 (Claude Stokes)，因為他長期派駐在印度，也有駐紮在伊朗的經驗，通波斯語，這對修斯特來說絕對會是得力助手。可是史托克斯是英國人，無論他的任務性質是如何，對俄國來說，一個英國人到了德黑蘭這個俄國勢力範圍服務，是否代表英國勢力會藉此介入伊朗北部？無論史托克斯有沒有要代表英國勢力滲透到伊朗北部，俄國都一定要排除他的存在。英國外交部長葛雷發覺事情越發複雜，遂不允許史托克斯前往德黑蘭就任。

修斯特感受到英俄對伊朗的壓力，一切都是政治考量，專業人士難有作為。1911 年 10 月，他在倫敦 (London) 的《泰晤士報》(*The Times*) 批判兩強對伊朗的政策，英國軟弱無能，俄國又處處違反《1907 年英俄協定》，令伊朗施政受阻。俄國外交部長薩左諾夫要求伊朗國會撤銷修斯特的職位，但伊朗國會並不接受。修斯特越加發揮他的專業，對伊朗國會來說就能展現打擊英俄的意圖。或許這會招致英俄不滿，但強調自主性、降低外來強權影響力不就是伊朗國會成立的目的？薩左諾夫在 11 月發給伊朗兩

份最後通牒，都是要伊朗撤銷修斯特的職位，第二份更加強調往後伊朗聘用外籍顧問一定要經由英俄同意。伊朗國會不接受，俄國決定進軍德黑蘭。這導致伊朗首相只好接受最後通牒，也解散國會，勉強化解伊朗被攻打的危機。1912 年 1 月，修斯特被解除職位，回到美國，結束了他短暫的半年伊朗生活。不過，他將伊朗經驗寫成了《箝制伊朗》(The Strangling of Persia) 一書，揭露了英俄在伊朗的醜陋行徑。

　　從修斯特的經驗可以看到，伊朗面對內外交困的局勢，這一百年來受到的外來壓力，已經成為伊朗難以處理的局勢了。卡加王朝並非不願意改變，其實伊朗國王及其官員都致力於改變，但問題在於外在的壓力，例如英國與俄國的大賽局，嚴重地限制了伊朗的發展。卡加王朝也不是軟弱不堪，甚至這個時代的非西方帝國，例如鄂圖曼、清朝，頂多是軍事方面無法與西方相抗衡，其對外交涉並非無知，也沒有所謂喪權辱國的問題。卡加王朝時期的伊朗，尷尬地處在英俄大賽局之中，也處於非西方世界走向西化的時代之中。卡加是第一個同時周旋於歐洲強權的伊朗王朝，畢竟過去任何伊朗勢力都沒有這樣的經驗，卡加已經盡力在維持這區域的主體性與自主權了。

二十世紀伊朗的掙扎與奮鬥

第一節　第一次世界大戰與伊朗

一、中立的伊朗

　　第一次世界大戰於 1914 年 7 月爆發，伊朗國王在 11 月初宣示中立。但伊朗沒有因此而不受戰爭的波及，因為俄國與鄂圖曼在高加索地區開戰，打入了伊朗的亞塞拜然省，而英國為防範伊朗西南部遭到鄂圖曼軍隊襲擊，也進駐了不少部隊。英俄強權完全無視伊朗的中立，使得伊朗國王、首相、內閣都不斷強調他們堅持中立，也要求鄂圖曼、俄國、英國軍隊一定要離開伊朗。英國與俄國在《1907 年英俄協定》之後，在伊朗有勢力範圍的劃

分，所以俄國軍隊在伊朗北方的活動，英國外交部長葛雷不僅不可能反對，還希望俄軍增加部隊數量，以求早日殲滅鄂圖曼軍隊。

伊朗雖然要求交戰國撤軍，但誰都不願意退讓。鄂圖曼駐伊朗公使表示，「要鄂圖曼撤軍，除非俄國先撤。」俄國外交部長薩左諾夫認為，若是俄國撤軍，反而會讓鄂圖曼趁機取得優勢。英國外交人員則是強調，伊朗的態度可能會讓戰局僵滯，而這就是違反中立。英國不希望戰爭局勢加劇而損及自身利益，轉而質疑伊朗一切舉動都有違反中立的可能性。1915 年年底，英俄都希望伊朗同意結盟，但伊朗則要求結盟條件就是兩強都要提供協助，放棄過去簽訂的條約與特權，也不要強迫伊朗承認《1907年英俄協定》。三方協商至 1916 年初破局，伊朗至戰爭結束時都還是保持中立。

在 1917 年 11 月俄國的蘇維埃 (Soviet) 革命之後，社會主義者 (Socialist) 列寧 (Vladimir Lenin) 頒佈《和平法令》(*Peace Decree*)，主張這場戰爭是資本主義的戰爭，蘇維埃俄國要退出戰場。對於伊朗，蘇維埃政府決定撤出軍隊，也願意放棄舊俄（沙皇時期的俄國）時期的特權，甚至伊朗不用償還過去的債務。伊朗頓時少掉北方這頭凶猛黑熊的壓力，卻造成英國勢力肆無忌憚地進逼伊朗全境。對英國來說，蘇俄退出代表往後英國要如何處理伊朗事務，就沒有其他強權干預，也不必考慮《1907年英俄協定》了。

同時，美國總統威爾遜 (Woodrow Wilson) 提出「十四點原則」(Fourteen Points)，也主張「民族自決」(self-determination)，

各地人民都可決定自己的命運。頓時之間，威爾遜的聲望超越當時任何政治人物，許多被英法強權殖民、占領區的人民爭相與美國聯繫，希望由美國來解放大家。其實，英國首相勞合喬治 (Lloyd George) 與法國總理克里蒙梭 (Georges Benjamin Clemenceau) 都認為威爾遜太過於理想化。而且，美國向來沒有處理過歐洲與西亞事務，威爾遜的原則，是否有可能符合歐洲與西亞的需求呢？

伊朗派駐於美國的公使向華盛頓政府說道，希望強權可以：「1. 尊重伊朗的主權獨立與領土完整；2. 保證讓伊朗參與和會；3. 外國軍隊撤離伊朗；4. 伊朗獲得損失賠償；5. 尊重伊朗中立。」但是，美國國務卿藍辛 (Robert Lansing) 只給了很含糊的回覆，沒說清楚究竟會如何協助伊朗。威爾遜對此，也沒有明確的答案。

1919 年 1 月巴黎和會 (Paris Peace Conference) 召開，人們開始發現威爾遜醜陋的一面。朝鮮、埃及、印度要參與巴黎和會，都面臨相當大的困難。例如埃及，這個英國自 1882 年以來的占有地，也有有志之士認為威爾遜讓埃及人看到自由的曙光，但在戰後也明白了威爾遜毫無能力也沒有意願處理埃及問題，畢竟那都是英國既有的勢力範圍。至於伊朗，因為是中立國，所以沒有機會參與巴黎和會。伊朗代表團當然非常錯愕。從受到壓迫的一方來看，威爾遜的「民族自決」等於空話，既然宣告了讓所有民族決定自己的命運，但卻沒有給予機會去爭取被剝奪的權益。在巴黎和會裡，就只能玩戰勝國的遊戲規則，戰敗國只能任人宰割，而沒有參與戰爭者，例如伊朗，就不在巴黎和會所負責的範圍之內了。

　　與其在巴黎徒勞無功，伊朗首相維蘇克道拉 (Vusuq al-Dowleh)
決定走另外一條路線，那就是跟英國外交人員協商。他並不是要
透過交涉讓伊朗參與巴黎和會，而是直接與英國商談條約。對於
英國來說，這是把影響力推進伊朗境內的絕佳機會。過去英國在
伊朗的任何決策，都需要先與俄國商量。蘇俄已宣佈退出戰場、
退出伊朗，《1907 年英俄協定》也已無效，在伊朗就只剩下英
國為獨霸的強權了。維蘇克道拉並非相信英國，而是全世界只有
英國熟知伊朗。

二、《1919 年英伊條約》

　　1919 年 8 月，伊朗首相維蘇克道拉與英國駐伊朗公使考克
斯 (Percy Cox) 簽署《1919 年英伊條約》(*Anglo-Iranian Treaty of
1919*)：「1. 英國承認伊朗主權獨立與領土完整；2. 英國會協助
伊朗改革；3. 英國提供軍事專家給伊朗；4. 英國貸款給伊朗以進
行財政改革。」表面上看來這似乎就是維蘇克道拉把伊朗整個拱
手交給英國，可是換個角度來想，這不是出賣國家，而是找尋另
外維護權益之策略。在條約之中，英國同意「維護伊朗主權獨立
與領土完整」，在白紙黑字的文件上有這樣的條款，突破了之前
僅止於英國外交文件上的說詞而已，這次是兩國條約中出現這些
字樣。儘管伊朗仍受英國影響，但至少是個擺脫束縛的初步成果。

　　沒多久之後，伊朗得以進入 1920 年甫成立的國際聯盟
（League of Nations，後簡稱「國聯」），《1919 年英伊條約》
最為重要。國聯之所以組成，就是為了要有一個超然各方立場的

國際組織，來處理國際間發生的問題。能夠進入國聯為自己國家發聲、爭取權益，也成為各國追求的目標，藉此提高國際地位。《1919 年英伊條約》之簽署，令維蘇克道拉受到國內輿論批判將國家與人民出賣給英國，但從國際發展的角度來看，這條約其實貢獻不少，讓伊朗成為國聯的成員國，獲得國際的承認。近代中國史學者徐中約 (Immanuel C. Y. Hsu) 的經典著作《中國進入國際大家庭》(*China's Entrance into the Family of Nations*) 中的概念，可解釋伊朗此時的狀態。如果只是糾結在能否進入巴黎和會，那可能到最後伊朗還是什麼條件都沒拿到。

　　對英國來說，《1919 年英伊條約》也讓其取得自己所要的利益，英國此時若不趁勢把伊朗囊括下來，更待何時？對伊朗來說，儘管英國就此可以大搖大擺地進入伊朗，那也是伊朗唯一的選擇，畢竟在當下的世界局勢來看，英國最有勢力。例如 1916 年英國與法國的《賽克斯—皮科協議》(*Sykes-Picot Agreement*)，瓜分了兩河流域與敘利亞地區，而 1917 年英國外交部長貝爾福 (Arthur Balfour) 的《貝爾福宣言》(*Balfour Declaration*)，同意協助歐洲的猶太復國主義者 (Zionist) 移民巴勒斯坦建立家園。這些都主宰西亞的決定，在戰後都已開始執行，顯示英國獨霸西亞地區。

　　儘管巴黎和會、國際聯盟之形成，都是出自威爾遜的理想，但是巴黎和會時期簽署的《凡爾賽和約》(*Treaty of Versailles*)，美國國會卻不願意批准，因為向來美國都沒有介入歐洲事務的經驗，這也不是中立主義的原則，所以威爾遜在歐洲的風光身影，

回到美國卻變得落魄無比。美國最終沒有簽署《凡爾賽和約》，也就不是國際聯盟的成員。

三、伊朗與土耳其

一次大戰結束之後，鄂圖曼瓦解了。英國與法國瓜分了兩河流域與敘利亞地區，由法國統治敘利亞、黎巴嫩，英國統治巴勒斯坦、伊拉克。在十九世紀末，先知穆罕默德的哈希姆家族，在一戰時期與英軍合作，目的是為了在擊敗鄂圖曼之後，建立阿拉伯王國。但是，英國與法國卻已密謀瓜分西亞，讓哈希姆家族成立王國的願望落空。

此時，英法尚有安納托利亞的凱末爾 (Mustafa Kemal) 勢力還未能解決。1920 年 1 月，伊斯坦堡政府發表《國民公約》(*National Pact*)，誓言將捍衛國家的主權獨立與領土完整，想做

最後掙扎。伊斯坦堡旋即讓戰勝國軍隊占領，隨後在該年 8 月戰勝國與伊斯坦堡政府簽署《色佛爾條約》(*Treaty of Sevres*)，鄂圖曼被切割得支離破碎，阿拉伯地區在英法的掌控之下，而安納托利亞則有庫德族自治區、亞美尼亞自治區。

凱末爾不願意祖國就這樣受到戰勝國的宰制，遂在安卡拉建立自己的勢力，自組政府與國會。

圖 38：凱末爾像

由於凱末爾勢力強大，促使一戰戰勝國最終也只得放棄與伊斯坦堡政府，轉而承認了安卡拉政府，於 1923 年簽署《洛桑條約》(*Treaty of Lausanne of 1923*)。凱末爾立即宣布土耳其共和國 (Republic of Turkey) 成立，他作為第一任共和國總統。人們熟知他的「凱末爾主義」(Kemalism)，即六大主義：民族主義、國家主義、共和主義、世俗主義、平民主義、改革主義。同一時期，伊朗軍人領袖禮薩汗 (Reza Khan) 逐漸在政治圈中嶄露頭角。維蘇克道拉受到社會上龐大的反對壓力，固然知道自己的路線沒錯，也不得不在 1920 年 7 月辭去首相職位，新一任國會宣布《1919 年英伊條約》無效。混亂之際，1921 年 2 月禮薩汗與反政府勢力薩亞丁 (Sayyed Zia al-Din) 發起政變。

在第一次世界大戰結束後，蘇維埃俄國宛如伊朗的救主，先是撤出在伊朗的俄軍，後又主動放棄在伊朗取得的特權，甚至取消貸款，1921 年《蘇伊友好條約》(*Soviet-Iranian Treaty of Friendship*) 簽立。其實對於土耳其與阿富汗，蘇俄也都是採取這樣的態度，大約也在同一時期簽署了友好條約。禮薩汗崛起的期間，便是適逢英蘇兩強在伊朗勢力消長的時期。英國成了萬惡的敵人，蘇俄反而變成了和平主義者。1923 年禮薩汗成為首相，此時阿賀馬德國王更加沒有影響力。

1925 年，禮薩汗支持者在國會中推舉他擔任國王。10 月，禮薩國王 (Reza Shah) 隨後罷黜阿賀馬德國王，卡加王朝走入歷史，開啟巴勒維王朝 (Pahlavi Dynasty) 時代。

「巴勒維」是伊朗波斯語其中的分支，在薩珊王朝時期為主

圖 39：禮薩汗於 1926 年加冕
為禮薩國王

要語言。薩珊屬於古代伊朗勢力再次復興的帝國，禮薩國王採用此名稱，應有藉「巴勒維」之名復興伊朗的用意。為求國家一統，禮薩國王致力於瓦解各地部落的勢力，以改變卡加王朝始終不穩定的根本因素。例如與英國十分友好的穆哈梅拉酋長，以及在伊朗南部時常襲擊英國商人的卡希加儀部落 (Qashqa'i)，都在巴勒維時期失去勢力。有許多資料顯示，伊朗南部人已經不需要擔心隨時遭到部落搶劫的事情。

　　1933 年，伊朗與英國簽署《英伊石油協議》(*Anglo-Iranian Oil Agreement of 1933*)，拉近了彼此間的利潤，也限縮了英國在伊朗開採石油約八成的面積。不過，英國取得額外的六十年時間可以開採石油，也就是到 1993 年才結束。此外，對於禮薩國王來說，土耳其凱末爾的西化工程令人讚賞，是可以效法的對象。1934 年，禮薩國王出訪土耳其，與凱末爾有了幾天碰面時間。禮薩國王瞭解凱末爾在文化、服飾、社會制度做的變革，所以回到德黑蘭之後，凱末爾那一套政策也在伊朗出現，「凱末爾主義」對伊朗影響頗大。這兩國並不只有這樣的交流，雙方過去都受到西方的壓迫，凱末爾出身於鄂圖曼被西方強權肢解的時期，當然

不願意再看到現在成立的土耳其再次受到壓迫，而禮薩國王也是一樣。

第二節　第二次世界大戰與伊朗

一、戰間期的西亞結盟

　　一戰後，英國讓哈希姆家族的費薩爾 (Faysal bin Hossein bin 'Ali al-Hashmite) 在 1921 年擔任伊拉克國王。可是費薩爾很積極地想擺脫英國壓力，促使英國不得不在 1931 年同意伊拉克獨立，且隔年進入國際聯盟。阿富汗也是一樣，在 1919 年對英國的戰爭結束後，英國因為無力再戰，才同意阿富汗獨立，但英國也不再如過去一樣給予阿富汗任何資助。在部分西亞地區都還在英國掌控之際，土耳其、伊朗、伊拉克、阿富汗卻有機會作為所謂獨立國家。1937 年 7 月，這四個西亞國家在德黑蘭簽署了《薩阿德阿巴德條約》(*Treaty of Saadabad*)，成為西亞的重要聯盟，共同目標之一就是要抵抗西方強權的壓力，強調互助合作以達西亞的安全與穩定。

　　不過，這並不代表西亞國家終於有機會富強。這樣結盟的態勢，僅僅只是因為是戰間期，歐洲強權正在維持恐怖平衡，即當義大利與德國正在擴張的時候，英國的「冷靜」遭人們批判為「綏靖」，而美國仍然要維持中立，甚至公布《中立法案》(*Neutrality Acts*)，所以在歐美強權對世界局勢稍做放鬆的情況之下，才有

西亞國家尋求自主的機會組成聯盟。只是時間很短，因為 1939
年歐洲再次爆發大戰，西亞局勢又隨之風雲變色。

二、第二次世界大戰：伊朗最黑暗的時刻

　　1939 年 9 月歐戰再次爆發，德國、義大利、日本的聯盟，
稱為「軸心國」(Axis)，成了歐亞兩洲的龐大威脅。此時德國的
氣勢比一次大戰時更加強盛，因為大戰爆發幾個月後，1940 年 6
月法國敗給德國，總理下臺、將帥逃難。二戰後著名的法國總統
戴高樂 (Charles de Gaulle)，在這個法國滅亡之際狼狽逃到英國
倫敦。儘管隨後德國對英國的空戰並未取得成果，但英國也希望
中立的美國能夠提供協助。而且，阿拉伯地區不少人很樂見德軍
勢力進駐，導致英國軍隊先後占領了埃及、伊拉克、敘利亞等地。
1941 年 6 月，德軍往東進攻蘇俄，這樣的情勢促使英國與蘇俄
關係靠攏，可是卻開啟了伊朗的厄運。

　　大戰爆發之後，禮薩國王宣示伊朗中立。英國與蘇俄都要求
他要遣散在伊朗境內的德國顧問與專家。禮薩國王並不願意這樣
做，他回覆說伊朗是中立國家，若聽從英蘇的意見那就違反中立
了。結果，伊朗遭到英蘇的進攻與占領，也就是英蘇要「未雨綢
繆」粉碎德國滲透到伊朗的任何可能性。1941 年 8 月，英國與
蘇俄進軍伊朗，短時間內拿下首都德黑蘭。伊朗這次的中立，卻
帶來比一次大戰時更大的災難。

　　禮薩國王的決定，改變了第二次世界大戰的戰局。儘管一
次大戰的戰場也進入到西亞地區，但主要是因為鄂圖曼參戰，

可是伊朗此時並無意參戰，卻因為禮薩國王主張中立而被占領。人們可能知道蘇俄想向英國要求合作在任何一方開啟第二戰場，但英國一直沒有允諾，直到 1944 年反軸心國在法國西北部的諾曼地 (Normandy) 登陸才算是第二戰場。可是，英蘇兩國卻在 1941 年於伊朗已經有相當重大的戰爭，這段歷史反而不在主流的二戰史描述中。而且，前一年英國首相邱吉爾 (Winston Churchill) 的時期，認為自己處在國家危急存亡之秋，那是「最黑暗的時刻」（Darkest Hour，引自 2017 年《最黑暗的時刻》電影名），但其實 1941 年慘遭英蘇占領的伊朗人應該會反駁說：「英國人你們憑什麼這樣說，比較起來我們才處於最黑暗的時刻！」

　　占領伊朗之後，1942 年英蘇協議雙方軍隊在戰爭結束後六個月撤出伊朗，宣示維護伊朗主權獨立與領土完整，也要保護伊朗不會受到軸心國的侵犯。這些看來很荒謬，禮薩國王主張獨立，卻因此被侵犯了，而當英蘇兩個強權達到了目的，竟然又說要維護伊朗的主權獨立與領土完整。禮薩國王出走，其子穆罕默德禮薩（Mohammad Reza，後文稱巴勒維國王）登基，僅有二十二歲，伊朗進入第二任巴勒維時期。穆罕默德巴勒維國王在他的傳記《我的祖國職責》(*Mission for My Country*) 寫道，

圖 40　穆罕默德禮薩

圖 41：（左起）史達林、羅斯福、邱吉爾於 1943
年舉行「德黑蘭會議」，會議中提及將維持伊朗
領土及主權的獨立

其實他父親對希特勒也是相當警戒，且不願意捲入大戰。因此，
1941 年英蘇占領伊朗，只反映出兩大強權的恐懼與不安而已。

1943 年 11 月底，美國總統羅斯福 (Franklin D. Roosevelt)、
英國首相邱吉爾、蘇俄領導人史達林 (Joseph Stalin) 三人抵達德
黑蘭，召開了著名的「德黑蘭會議」(Tehran Conference)。該會
議討論了往後的戰爭該如何進行，對伊朗也有所宣示，再次提到
要維護伊朗主權獨立與領土完整。一切都是如此諷刺，伊朗並無
意參與戰爭，卻被迫成為戰場。至此，兩次世界大戰伊朗都保持
中立，但最後難以中立也都是因為德國的關係。第一次世界大戰
沒有解決的問題，例如德國對西亞地區的企圖，就在第二次世界
大戰結束後，由戰勝國分區占領德國做了結。

三、戰後的伊朗控蘇案

戰後，英國與蘇俄應遵照 1942 年的約定，在戰爭結束後半年撤出在伊朗的軍隊。但是，1945 年蘇俄在伊朗的亞塞拜然不願意撤軍。此時局勢已變，蘇俄並不是二戰初期那個不甚重要的角色了，反而美國要怎樣結束戰爭得看蘇俄的意見。在 1943 年之後，英美都希望蘇俄盡快對日本宣戰，以求早日結束戰事，以致於蘇俄的要求，英美都盡力配合。1945 年的雅爾達會議 (Yalta Conference)，人們認為這場會議讓大半個世界陷入水深火熱的蘇俄地獄。但其實在當下，雅爾達會議的目的就是要終止戰爭，也沒有人會想到戰後立即就出現美蘇對峙的局面。只是今日多數人都持以美國為主的西方立場時，當然就對蘇俄抱持負面的印象。

蘇俄看似違反約定，可是這並不需要譴責，畢竟情況已經改變，而且英美違反約定的例子肯定不在少數。蘇俄若從亞塞拜然撤軍，等於是浪費了擴大勢力的機會。於是，1946 年 1 月底，伊朗首相將蘇俄的行徑告上甫成立的聯合國 (United Nations)，是為「伊朗控蘇案」，成了安全理事會 (Security Council) 處理的第一起國際糾紛。美蘇的意見當然是對峙的，有些研究便認為 1946 年伊朗問題是冷戰 (Cold War) 的起源。

蘇俄勢力的擴大，還不只在亞塞拜然，在土耳其與希臘也是。1921 年蘇俄與土耳其簽署過友好條約，約期一再延長。但土耳其在戰爭期間保持中立，反倒讓史達林認為土耳其並沒有履行友好條約，也就是當德軍侵犯蘇俄時，土耳其竟然還是維持中立。於是，史達林決定對土耳其施加壓力，主張要享有黑海海峽

的主導權。希臘的左派勢力也在戰後壯大，有可能成為主要的政治黨派。

美國總統杜魯門 (Harry Truman) 表示，將協助土耳其與希臘對抗蘇俄，而且要給予兩億五千萬美元的軍事救援、一億五千萬美元的經濟協助。這稱為「杜魯門主義」(Truman Doctrine)，是美國對外政策的新時代，因為過去從未這樣處理過黑海與地中海一帶的問題，這也代表此時美國與蘇俄之間已經沒有模糊地帶了。

第三節　冷戰時期的伊朗

一、1953 年穆沙迪克事件

在二次大戰期間，伊朗國會議員穆沙迪克 (Mohammad Musaddiq) 就不斷主張要終止外國人在伊朗豪取的石油利益。穆沙迪克所指的當然就是英國伊朗石油公司，而他在 1951 年擔任首相，主張要把石油國有化，嚴重衝擊了英國在伊朗石油產業的利益。1953 年艾森豪 (Dwight D. Eisenhower) 擔任美國總統，正值韓戰第三年，而隨後史達林去世，讓蘇俄的氣勢暫時停歇。就在兩國領導人一上一下的情況，美國加強了反蘇俄反共產的力道。而讓美國國人感到風聲鶴唳的「麥卡錫主義」(MaCarthyism)，也代表這個對外宣傳是輿論自由的民主國家，其實也不是多麼民主❶。

---

❶　可參考 2006 年的美國電影《晚安，祝你好運》(*Good Night, and Good Luck*)。

美國有情報顯示，穆沙迪克很可能與蘇俄靠攏。其實這不見得是「情報」，只是艾森豪政府對於共產勢力擴張的警戒，所以決定介入伊朗事務。於是，1953 年 8 月美國中情局 (Central Intelligence Agency, CIA) 在德黑蘭策動反穆沙迪克的運動，稱為「阿賈克斯行動」(Operation Ajax)❷，逼使了穆沙迪克下臺。但這不代表英國

圖 42：美國在伊朗策動反穆沙迪克運動，圖為穆沙迪克於 1953 年被捕的情形

勢力就重回伊朗，畢竟美國已經介入了這件事，往後美國就正式接替英國處理伊朗石油的位置。英國首相雖樂見穆沙迪克倒臺，但也感嘆英國影響力不再。英國伊朗石油公司也無法再持續下去，只好改名換姓另闢出路，也就是今日「英國石油公司」的開始❸。

巴勒維國王本來支持穆沙迪克，但後來覺得他的作法太過於強硬，破壞了伊朗的對外關係。美國 CIA 的行動，等於剷除巴勒維的政治敵手。在 1953 年穆沙迪克事件之後，巴勒維國王得

---

❷ Ajax 為美國一清潔劑品牌，故 Operation Ajax 意為「清除行動」。

❸ 英國石油公司存有大量的歷史檔案，笈藏於英國華威大學 (University of Warwick)。調閱檔案前，需先向該檔案館提出申請，以及預約前往檔案館的時間，到場之後便可以翻閱、抄寫、付費掃描紙本檔案。

以開始集中權力。多數學者的研究批判美國竟然拉下了民主選舉制度下的穆沙迪克首相，讓巴勒維國王重新取得政治優勢，開啟了伊朗專制獨裁的時代。這只說對了一半，其實巴勒維國王必然不願意再出現像穆沙迪克這樣與強權對抗的人物，再加上從伊朗歷史的經驗來看，跟強權硬碰硬是完全沒有任何好處的。若國內還有其他的聲音可能再讓國家動盪，等於是對國家存亡的質疑，當然就是要一概剷除。

　　有許多學者認為，1953 年的事件造成了伊朗民眾反美的情緒，以致於 1979 年爆發革命，隨後反美政府建立。這樣的說法頗為事後諸葛。經歷過革命前後的伊朗人不盡然會討厭美國人，其實在伊朗橫行霸道幾百年的英國人才是最令人痛恨的。1953年之後，美國也還未正視伊朗，因為 1954 年東亞的中國共產黨與中國國民黨打得火熱，1956 年埃及的蘇伊士運河戰爭 (Suez Crisis) 爆發，反倒伊朗沒有大事。巴勒維國王在《我的祖國職責》有說道，他覺得一樣是自由世界的國家（即不在共產勢力範圍內的國家），臺灣獲得美國的援助卻遠遠大於伊朗，意指美國並不重視伊朗。於是，若以 1953 年的事件來指稱這就是伊朗人痛恨美國的起點，可能不完全符合當下的歷史情境。

二、伊朗變革的探討

　　1961 年，巴勒維政府推動了改革政策，稱為「白色革命」(White Revolution)，象徵不流血的革命。主要項目有：土地改革、改善勞工問題、提高婦女地位、提高識字率。這些改革立即面臨

社會大眾與宗教人士的反對聲浪，有許多學者認為，1979年伊朗的革命，就是從「白色革命」開始累積反對能量。不過，其實每個政府所施行的改革，都會有人反對，故並不代表巴勒維的「白色革命」方向不對。

　　若從土地改革的情況來看，許多農民相當樂見這樣的政策，大地主有所反對也不意外。這讓土地擁有權得以趨於均衡，其實是國家應要做的政策。另外，在諸多伊朗研究之中，都會批判巴勒維時期過於西化的問題。像是社會學者阿賀馬德 (Jalal al-Ahmad) 的著作《西方遺毒》(*Gharbzedegi* or *Westoxification*)，認為西方文化帶來墮落腐化的風氣，同為社會學者的沙里亞提 (Ali Shariati) 也有一樣的看法。不過，「西化」是不是等於「腐化」的意涵，其實是見仁見智的問題。

　　許多宗教人士也批判巴勒維國王的宗教政策，例如神學院數量減少的趨勢、把伊斯蘭曆改為古伊朗曆，降低了伊斯蘭教在伊朗的重要性。然而再如何改變，伊朗還是伊斯蘭國家，巴勒維國

圖43：巴勒維政府推動「白色革命」，措施包含土地改革等，圖為國王發放土地所有權證明給農民

王仍是穆斯林，他有自己對於伊斯蘭信仰的看法，並沒有不對之處，身為國王當然也有權力決定他的什葉派該有什麼樣的發展，不等於他要降低伊斯蘭教在伊朗社會的重要性。有學者稱，這是「巴勒維化的什葉派」(Pahlavization of Shiite)。本來宗教理念就會有不同的解釋，並非宗教人士的說法才正確，更何況宗教界本身對於教義也從沒有一致的論點。

此外，巴勒維政府也有不民主的形象。不過，國王也有自己的立場。無論民主是不是個好制度，至少在二十世紀已經成為國際社會之間的主流趨勢。巴勒維國王認為，「幸運的是，伊朗的民主事業並非沒有根基。」這也就是指，從 1906 年的立憲革命以來，伊朗的民主就有成果，「伊朗的立憲革命在維護帝國古老傳統的同時還參照西方世界的流行作法，實行了某些民主改革，對人民選舉出來的政權給予了足夠的重視。」

在二戰之後，伊朗有國家陣線 (National Front)、人民黨 (Tudeh Party) 等政黨。但在穆沙迪克之後，巴勒維國王曾建立兩黨制的政治型態，「有些人指責說，我們這兩個政黨沒有群眾基礎，是由國家高級官吏強行組織的。更有甚者，一些心懷叵測的人竟說什麼，這些政黨是王室和政府的御用工具。」其實，他有邁向民主的階段步驟：「不要忘記：實現政治的、經濟的和社會的民主，需要時間和國民智育的發展，還必須符合人民的要求和願望。……假如我們步子邁得太急了，……那麼我們就不能達到全體國民夢寐以求的遠大目標。」

1974 年，巴勒維國王取消兩黨制，成立單一政黨：復興

黨 (Hezb-e Rastakhiz-e Mellat-e Iran or Resurgence Party)。巴勒
維國王認為，這是伊朗邁向「偉大文明」(Great Civilisation or
Tamadan-e Bozorg) 的終極步驟。國王強調，「復興黨之成立，為
的是擺脫近三十年來外國勢力的壓迫。」這也可以看到，巴勒維
國王固然在冷戰時期還是比較傾向於美國，但有能力的話當然還
是要更加自主。而巴勒維國王確實要讓伊朗政治更加「親民」，
以復興黨的組成來看，當時有一半以上的人不得參選國會議員，
為了讓政局重新洗牌，也讓律師、醫師等專業人士參與議員選
舉，甚至要求必須是選區裡有名望的人士才能有候選人資格。由
此看來，復興黨的組成是為了讓伊朗政治汰舊換新。如果民主是
必要的道路的話，伊朗的民主其實在不同階段有不同情況的發
展，對巴勒維國王而言，復興黨的成立就是他的最終成果。

　　在《我的祖國職責》裡，巴勒維國王提到：「我國的現實狀
況與西方各國相差很大。我們所借鑑的只能是那些符合我國需要
的西方科技與技術。」他也說：「為了使伊朗這樣的國家正確地
運用西方的科學技術，必須富有遠見和採取審慎的態度。」其實
巴勒維國王很清楚西方事物不應該照單全收，可是對反對人士而
言，他就是個腐敗的國王。巴勒維國王並非完全西化，例如他認
為許多建築模仿西方便是一大問題，因為那些西式風格「未曾顧
及到它和伊朗的風貌全不和諧」。

　　許多學者批判巴勒維國王獨裁專制、完全不民主，可是民主
本來就有不同的形式，即使歐美國家的民主也都有不同的面貌。
也有學者指出巴勒維國王時期對於輿論的嚴厲控制，但其實控制

輿論是每個國家或多或少都會出現的情況。固然個人回憶錄會美化自己的作為，可能難以視作可靠的史料，但這不代表就不值得一談，畢竟理解歷史並不能刻意忽略某些資料，以免失去對某些層面的理解。換言之，人們不能因為 1979 年巴勒維政府的垮臺，就代表這個改革是失敗了，或者如多數研究認為這是「過於急躁而導致失敗的現代化」。

三、伊朗與美國的關係

在二戰結束之後，美國的影響力尚未進入西亞，英國還有些許的剩餘優勢。例如 1955 年英國主導「中部公約組織」(Central Treaty Organisation, CENTO)，結合了土耳其、伊朗、伊拉克、巴基斯坦 (Pakistan)。原因之一是埃及總統納塞爾 (Gamal Abdel Nasser) 強烈地反對英國，也聯合同樣反西方帝國主義的敘利亞，使得英國不得不尋求盟友；而這個組織的另一個目的，也就是要抵抗蘇俄與共產勢力。廣義地說，伊朗屬於西方陣營成員。

不過，這並不代表伊朗逐漸與美國的關係密不可分。二戰時英蘇強權逼退禮薩國王，而他在三年後去世，巴勒維國王相當傷痛，自認有責任讓伊朗更加強大。然而，時不我與，外來勢力的掌控，如巴勒維國王所說，「占領我國的列強，都希望我成為一個順從的國家元首。」雖然受到強權的壓力，但屈就劣勢的巴勒維國王與強權靠攏也是不得已的事情。從前述 60 年代的改革來看，巴勒維國王並非美國走狗，其實有相當自主的想法。他在 1980 年出版的回憶錄《對歷史的回答》(Answer to History) 提到：

「西方國家對我的支持，完全是基於控制方面的需要，……每當我有所作為，他們就從旁掣肘。」❹儘管蘇俄對伊朗有敵意，但美國對伊朗的友善其實也是種壓力，畢竟友好關係也需要互通有無，沒有同等回應也可能會造成外交問題。

1973 年 10 月埃及與以色列爆發戰爭，為阿拉伯人與以色列爭奪生存權益的戰爭。沙烏地阿拉伯 (Saudi Arabia) 以抬高油價的方式，想要逼使西方國家停止對以色列的支持。「石油武器」(oil weapon) 一詞，便是在那時候開始出現。伊朗也同意提高油價，目的也是為了降低西方世界對伊朗的壓力。其實冷戰時期的伊朗與沙烏地關係良好，而且還是美國在西亞地區「雙柱政策」(Twin Pillars Policy) 的兩大合作對象。

伊沙之間的關係並不如今日人們所知道的那樣交惡。有許多時事評論說伊沙兩國為世仇，尤其什葉派（伊朗）與遜尼派（沙烏地阿拉伯）的教派鬥爭激烈，甚至兩國介入葉門內戰，都可以不顧歷史脈絡而直稱那就是什葉與遜尼的戰爭。這反而誇大解釋過頭，畢竟在 1979 年伊朗革命之前，兩國並無衝突。最關鍵的一點，就是兩國對於美國的關係。當 1979 年伊朗成為反美政府之後，很自然地也就站在沙烏地阿拉伯的對立面了。遜尼派與什葉派本來就有所差異，可是「有差異」並不等於「會衝突」。唯有當政治立場不同的時候，「差異」就會藉由政治問題而升級為「衝突」了。

---

❹ 1981 年有繁體中文的翻譯本，名為《巴勒維回憶錄》。1985 年有簡體本出版，名為《對歷史的回答》。

　　沙伊兩國抬高油價的時候，巴勒維國王認為：「石油訂價過低，為時已經甚久，現在漲價正是時機。」美國總統尼克森 (Richard Nixon) 曾批判巴勒維的漲價策略，會造成世界經濟危機，巴勒維國王認為這類能源對世界經濟確實有重要性，若過於濫用的話可能三十年後就沒有石油可以用了。那時候主流國際社會所抨擊的「石油危機」(Oil Crisis)，在伊斯蘭世界則是「石油景氣」(Oil Boom) 的時代。但也因為如此，巴勒維國王說他招致世界批判「破壞穩定」與「無恥的敲詐」。

　　但也有研究指出，伊朗與沙烏地阿拉伯抬高油價，對美國沒有太大的傷害，受到衝擊的反而是歐洲國家。當時美國面臨國內政治最大的危機——「水門事件」(Watergate)，還陷入越戰 (Vietnam War) 的泥淖裡，已經沒有能力掌握其他外界的事情。固然 1974 年之後，沙烏地阿拉伯與美國的交涉終止了石油禁運與減產的問題，但油價並未大幅降低，也可以看到伊朗作為「美國的走狗」，這樣的說法也過於主觀。主流輿論的立場，不見得能夠理解伊朗與西亞地區對於外來壓力的厭惡之情。

　　1970 年代的巴勒維政府，為伊朗帶來相當重要的發展。比較起還不穩定的阿拉伯與以色列問題，伊朗相對來說相當穩定。相較於阿拉伯地區，自 1948 年 5 月 14 日以色列建國之後，立即陷入近三十年的戰爭之中，伊朗的情況的確是相對的穩定。1977 年，美國總統卡特 (Jimmy Carter) 還稱伊朗為「穩定之島」(Island of Stability)。然而，一切都在 1979 年之後完全改觀。

第十章 | *Chapter 10*

當代局勢的觀察與解析

第一節　1979 年的伊朗革命

一、反政府勢力與巴勒維

　　大致上巴勒維政府在 1977 年起，面對了比較多的反對運動。主因大概是該年巴勒維公布的「自由化政策」(Liberalization Policy)，重點在言論自由、集會自由、釋放政治犯。許多相關研究認為，這是主打「人權外交」的美國總統卡特 (Jimmy Carter) 給巴勒維下的指導棋，但沒想到就這樣讓巴勒維政府走上崩潰之路。然而，這樣的論點太過於強調美國的影響力，也太過於強調巴勒維國王是「親美走狗」的形象。如前一章所述，巴勒維國王有自己政治變革的程序，1977 年的「自由化政策」應是與他認為伊朗民主要按部就班來的意思有關，這時是可以進一步變革的時刻。

　　1977 年起，有許多過去遭到打壓的政治人物，開始重新活動，批判過去巴勒維政府的高壓統治。曾在 1950、1960 年代活躍的巴札爾干 (Mehdi Bazargan) 帶領過「伊朗自由運動」(Liberation Movement of Iran or Nehzat-e Azadi-ye Iran)，1977 年年底他召開「伊朗自由與人權委員會」(Iranian Committee for the Defense of Freedom and Human Rights, ICDFHR)，持續抨擊巴勒維不尊重人權的問題。國家陣線的杉嘉比 (Karim Sanjabi) 也有相似的言論，一再強調如果國王下臺，現在所有的問題都能迎刃而解。這些政治人物都曾經各有一番影響力，也與穆沙迪克同一陣線，但巴札爾干與杉嘉比都有意掌握局勢，以致於隨後各行其事。巴札爾干希望國王組成聯合政府，杉嘉比則認為國王應該立即放下權力。巴勒維國王的「自由化政策」，原意是為了讓國家開始走上所謂自由之路，卻沒想到就此敲響自己的喪鐘。

圖 44：伊朗宗教領袖何梅尼

　　社會之間反政府的聲音也逐漸顯現，導致巴勒維政府必須管理秩序，但卻造成了警方、軍方與民眾之間的衝突，各有傷亡。在這過程之中，宗教人士何梅尼的名字開始出現在反政府的運動之中。1977 年年底，何梅尼之子在反抗政府的運動中死亡，何梅尼的支持者舉辦悼念活動。此時何梅尼並不在伊朗境內，而是自 1964 年被巴勒維國

王驅逐出境之後，就待在伊拉克的什葉派聖地納亞夫。何梅尼也批判巴勒維國王，呼籲人們不要與政府有所合作。1978 年初，傳言由巴勒維國王刊登在《資訊報》(Etela'at) 的文章〈伊朗與黑色紅色反動勢力〉(Iran and the Black and Red Reactionaries)，譴責「何梅尼本是印度人，卻一再稱自己為伊朗人，除了對真主不敬之外，還是西方的秘密特務」。❶ 這對於何梅尼支持者而言是更加憤怒，在抗爭遊行之中開始把「讓何梅尼回國」作為他們的訴求。

政府與民眾衝突最大的事件，發生在 1978 年 9 月 8 日，加勒賀廣場 (Meydan-e Jaleh) 聚集的群眾❷，遭到軍方攻擊而死傷慘重，日後稱為「黑色星期五」(Jom'e-ye Siah or Black Friday)。那時正值穆斯林的開齋節 (Eid al Fitr or Festival of Breaking of Fast)，更是民眾聚集的時刻。又當何梅尼在 10 月從伊拉克前往

圖 45：「黑色星期五」當時伊朗警民對峙的情況

---

❶　何梅尼的曾祖父一輩曾在印度定居，所以有些人還是稱他們家為印度人。
❷　已改名為「殉道者廣場」(Meydan-e Shahoda)。

法國巴黎 (Paris)，接受了國際媒體的訪問之後，他的言論成為國際頭條，他也儼然成為反政府的領導人。何梅尼說：「每天都是亞述拉。」意指所有與巴勒維政府對抗的活動，都是如 680 年第三任伊瑪目胡笙，死於阿巴斯的哈里發亞齊德之手一樣壯烈。這些讓巴勒維面臨的反對浪潮，披上了一層伊斯蘭的外衣。

二、何梅尼、伊斯蘭、革命

許多有關 1979 年伊朗革命的研究，會強調革命爆發的歷史背景、思想背景。其中有些論點，將所謂反對現代化、反對西化擴大解釋為 1979 年巴勒維政府垮臺的原因。導致今日人們看待 1979 年伊朗革命，都當作是「伊斯蘭革命」(Islamic Revolution)，是何梅尼為了「拯救伊斯蘭」的革命。然而從巴札爾干與杉嘉比的訴求與行動來看，反政府運動中其實有不同的路線。或許宗教集會得以表達訴求，卻不代表群眾力量只因宗教而凝聚，而且伊朗人本來就會參與宗教活動，並未因巴勒維國王的「白色革命」而有所改變，也不一定是因為革命才重拾信仰。

也有很多人認為 1979 年的革命是何梅尼的革命，但其實至1978 年，何梅尼已經有十五年的時間不在伊朗，根本沒有帶領過哪一天或者哪一個月的活動，他並非「革命領袖」，甚至從來也沒當過「革命領袖」。問題是，就算有人希望何梅尼回來，何梅尼也沒有因為支持者的訴求而立即回到伊朗。何梅尼一再強調，「只要巴勒維國王還在位的一天，他就不會回到伊朗。」可見，他似乎也無意與巴勒維國王正面對決，在國外喊話就有人注

意也沒有安全疑慮，何樂而不為？此外，何梅尼曾經出版過的著作，例如 1971 年他出版的《伊斯蘭政府》（*Hukomat-e Islami* 或 *Islamic Government*），又有多少人看過或者讚賞？單純只是用他的言論作為解釋 1979 年革命的依據，便缺乏不同立場的分析與判斷。固然有人支持何梅尼，但其他反政府人士的活動也不可忽略，巴札爾干可能還比較像是個革命領袖。

　　巴勒維國王並非不重視宗教，而是他有自己的作法。革命的時候，巴勒維國王表達和緩宗教人士憤怒的意願，例如釋放許多監禁在牢獄中的宗教人士、廢止古伊朗帝國曆，也聲明：「伊斯蘭原則將是政府決策的優先考量……我將會與宗教人士多做協商。」11 月，國王發表演說，表示願民眾的情緒能夠緩和，也「希望宗教人士引導地方回復秩序，穩定世界上唯一的什葉派國家」。此外，巴勒維國王也持續與巴札爾干等革命人士對談，只是都沒有明確的結果。對巴勒維而言，無論是組成聯合政府或者立即下臺，都不是可行的方案。在革命局勢僵持不下之際，12 月，同樣是革命人士的巴賀提亞爾 (Shapour Bakhtiar) 與巴勒維國王協商，希望他以休假的名義先行離開伊朗，等待局勢穩定之後再回國。在這期間，就由巴賀提亞爾擔任首相，處理伊朗混亂的局面。

　　巴勒維國王認為這是個折衷的辦法，1979 年 1 月 4 日，巴賀提亞爾政府成立，國王則於 1 月 16 日離開伊朗。其實，早先巴賀提亞爾在面對媒體訪問時，說過絕不會與巴勒維國王妥協。但此時的情況，可見無論是巴賀提亞爾或者巴勒維國王，都認為

圖 46：何梅尼（前排右一）
於 1979 年 2 月返抵伊朗

不做些調整或妥協，情況不會好轉。結果，巴賀提亞爾的政府並不受到革命人士認同，而軍方也無意接受巴賀提亞爾的領導，伊朗頓時間群龍無首。1979 年 2 月 1 日，何梅尼終於從法國搭乘飛機回到伊朗，無論民眾要支持巴札爾干、軍方、或者何梅尼，都讓巴賀提亞爾毫無權威可言，只能放下權位離開伊朗。

今日人們只知道「1979 年何梅尼革命」以及「1979 年伊斯蘭革命」，而不知道「1979 年伊朗革命」。大家認知的是有伊斯蘭意涵的革命，卻不是這事件的本質。就類似中國史學者柯文 (Paul Cohen) 所寫的《歷史三調：作為事件、經歷和神話的義和團》(*History in Three Keys: The Boxers as Event, Experience, and Myth*)，近代中國史上出現的義和團，本質並非與排外、反帝國主義有關，但隨著輿論，甚至是後代政治局勢的變化，賦予了義和團許許多多有別於當時情境的形象。1979 年伊朗革命也是如此，學者阿塔巴基 (Touraj Atabaki) 所編的論文集《二十世紀的伊朗：史學與政治文化》(*Iran in the 20ᵗʰ Century: Historiography and Political Culture*) 也有提到，何梅尼政府強調了「伊斯蘭主義」(Islamism) 脈絡的歷史，而把其他人物與事情都抹煞掉，甚至將過去的歷史改寫，加強了宗教界（符合何梅尼政府宗教觀）的重要性。

　　換句話說，現在多數人理解 1979 年伊朗革命，應是讓「何梅尼史觀」遮蔽之下的伊朗革命。若經歷過當時事件的伊朗人，可能會給我們相當多元的答案。讓巴勒維政府瓦解的關鍵人物應該就是巴賀提亞爾，但其政府僅有三十七天，不僅時間短，也不受其他革命人士認同，反而在這場革命之中成為最不受重視的人物。

三、平行政府時期

　　1979 年 2 月開始，巴札爾干擔任了臨時政府的首相，杉嘉比擔任外交部長。由這樣的結果可見，何梅尼並不是革命之後人們認為應該掌握政權的人物。更何況，伊朗歷史上沒有宗教人士掌握政權的例子。然而，臨時政府必須與多國使館交涉，以說明往後對各國關係該如何發展。當然沒有人想要破壞既有的外交關係，但是當杉嘉比與美國外交人員對談時，何梅尼陣營卻批判這如同巴勒維國王一樣會出賣伊朗。

　　何梅尼陣營自組革命議會 (Revolutionary Committee)，也有革命衛隊 (Revolutionary Guards)，其影響力幾乎與巴札爾干的臨時政府沒有差別，有些學者說這是「平行政府」(parallel government) 時期。例如臨時政府起草憲法，但何梅尼陣營卻認為這份憲法過於世俗化，完全沒有伊斯蘭的概念。何梅尼本來對於臨時政府的憲法並沒有太多意見，但在支持他理念的聲音出現後，也順水推舟地願意把他的宗教理念，「宗教學者的政治管理」(Velayat-e Faqih or Government of Jurisprudent)，作為制訂憲法的骨架。

　　何梅尼所稱的「宗教學者的政治管理」，便是由單一宗教學者來督導所謂世俗政治，按照真主所定下的規範，建立公正的行政管理制度，以保障伊斯蘭社會的安定。而宗教學者會帶領穆斯林堅守國家的自主，捍衛伊斯蘭的領土。何梅尼也希望人們不要再等待那個隱遁的伊瑪目，要以行動捍衛伊斯蘭。不過，何梅尼支持者稱他為「伊瑪目」，代表他就是那個十二伊瑪目派期待許久的救世主。要如何解釋為什麼何梅尼可以如此呼風喚雨，並不是容易的事情，以致於許多研究會強調說他有「個人魅力」(charisma)。

　　不過，何梅尼對於伊斯蘭的解釋，受到許多批判。宗教人士沙里亞特馬達里 (Ayatollah Shariatmadari) 認為，不應該只有一位宗教學者主導政治，應該是有宗教學者群來管理政治。沙里亞特馬達里屬宗教界頗德高望重的人物，他在塔不里士擁有相當高的支持度，以致於當他與何梅尼對憲法制訂意見不合時，兩方的支持者在塔不里士爆發衝突。但何梅尼已握有話語權，強行撤銷沙里亞特馬達里的「阿亞圖拉」（即「真主之顯現」之意）頭銜，終結他及其支持者對何梅尼陣營的抗爭。可見，何梅尼的宗教論點並不是權威觀點，也不是所謂「原教旨主義」（fundamentalism，另譯「基本教義」），反而是連一些宗教人士都不熟悉的觀點。

　　在這之後，伊朗國名稱為「伊斯蘭共和國」(Islamic Republic)，體制也都是民主制度。無怪乎有宗教人士說：「你看過歷史之中，有哪個伊斯蘭國家裡有總統、國會嗎？這已經百分

之八十偏離了伊斯蘭。」從這樣的情況來看，伊朗並非多數輿論所說的「回到中世紀宗教保守時代」。而且，沒有標準可定義何謂「保守」與「開放」？何以強調伊斯蘭特色就是「保守」與「封閉」、走西化路線就是「進步」與「開放」？

　　除了西式體制外，何梅尼的伊朗伊斯蘭共和國也有較為原創的部分，例如「監護委員會」(Guardian Council)，為六名神學家、六名教法學家組成，象徵十二位伊瑪目，前六位由精神領導人任命，後六位由國會推舉。「監護委員會」的責任之一，就是篩選總統候選人。能夠參選總統的資格有：純伊朗人、有行政能力、無不良紀錄、效忠伊斯蘭共和國。可能一次選舉中，全國若有三百人登記參選，「監護委員會」進行篩選，最後約八名成為候選人，再交由民眾投票。

　　另有「專家議會」(Assembly of Experts)，主要功能是罷免與選任精神領導人。原則上議會有八十八名成員，任期八年，其中包括五名「監護委員會」成員，一年開會兩次。不過，嚴格來說伊朗並沒有更換精神領導人的經驗。1979 年至今，伊朗只有何梅尼於 1989 年去世，而換上哈梅內意❸ (Ali Hosseni Khamene'i) 擔任精神領導人的經驗。從正面角度來看，伊朗至今政局穩定，固然外界看到許多反對聲浪，但任何國家都有反對聲音，人們也

---

❸　臺灣的新聞報導將 Khamene'i 音譯為「哈米尼」，但因為波斯文的發音每個羅馬拼音字母都要發音，新聞的音譯卻簡化了好多音節，故應譯為「哈梅內意」較為恰當。

不該只是藉由這些聲音，而認為這就是該國的面貌。儘管國家施政以精神領導人的意見為準，對於以尊重民意為自豪的西方國家來說，那是不可認同的制度，但這樣一來伊朗政治不會流於民粹，國家決策不致於被民意「綁架」而滯礙難行。

第二節　革命後的伊朗及其對外關係

一、不要西方、不要東方

1979 年 10 月底，已經離開伊朗的巴勒維國王想要前往美國治病，消息一傳出，便有伊朗民眾聲稱他們追隨「伊瑪目路線」(Imam's line)，包圍了德黑蘭的美國大使館❹。11 月 4 日，伊朗民眾進入美國使館，隨後挾持了美國外交人員四百四十四天。巴札爾干的臨時政府，也在事件發生之後宣布解散。對於巴札爾干來說，他已經沒有掌握政局的可能性，而對何梅尼陣營來說，這是革命終極目標「反美」的開始。

其實不少伊朗人認為他們最討厭的是英國人，畢竟從近代歷史的過程來看，英國人確實給伊朗與西亞地區帶來很多壓力與箝制，但 1979 年這樣特殊的歷史情境之下發生的美國人質事件，主要是因為何梅尼將「反巴勒維」的情緒與「反美」畫上等號，

---

❹ 這是 2012 年的電影《亞果出任務》(*Argo*) 的改編背景，美國演員班艾佛列克 (Ben Affleck) 自導自演，獲得 2013 年奧斯卡最佳影片獎。

圖 47：原美國大使館外牆的反美塗鴉，以美國國旗為底圖，將自由女神描繪成骷髏，傳達對美國的不滿情緒（本圖為作者提供）

使得美國成了 1979 年伊朗革命「意外」的受害者，也使得今日人們都認為伊朗對美國懷有深仇大恨。迄今已四十年，伊朗與美國關係惡劣，革命可能還不見得能改變什麼，但人質事件就是改變一切的關鍵因素。德黑蘭美國大使館「遺址」的外圍牆上，都畫了不少反美的標語與圖畫。

　　12 月，蘇俄進攻阿富汗。阿富汗在二十世紀致力於保持中立政策，未曾加入兩次世界大戰，也無意進入冷戰的暴風裡。不過，美國與蘇俄都不斷試圖藉由資金、軍事協助，讓阿富汗有機會合作一同對抗「邪惡」的另一方。然而，1978 年 4 月阿富汗的社會主義勢力取得政權，對於蘇俄來說是在西亞地區對抗美國的新突破，首次有社會主義政府出現在伊斯蘭地區，蘇俄當然傾全力支持。只是這個社會主義政府之中，並非所有人都願

意完全聽從蘇俄的指示，例如擔任外交部長的哈菲茲阿拉阿明
(Hafizullah Amin)。

　　蘇俄在 1970 年代逐漸失去西亞地區的優勢，主要是因為埃
及在沙達特 (Anwar Sadat) 擔任總統之後，逐漸往美國靠攏。又
因為 1967 年以來以色列占著西奈半島 (Sinai Peninsula)，導致
埃及領土無法完整的困擾。1977 年年底，沙達特出訪以色列，
隨後也接受美國總統卡特的邀請，前往美國與以色列總理比京
(Menachem Begin) 和談，於 1979 年簽署和平協議。這讓蘇俄在
西亞地區失去了原本積極反西方帝國主義的夥伴。1979 年 9 月，
哈菲茲阿拉阿明政變成功，儘管還是社會主義國家，但對蘇俄
來說這會是不聽話的小老弟，也很有可能往美國靠攏。為了防
止這樣的問題發生，蘇俄於 1979 年 12 月進攻阿富汗❺。蘇俄
入侵阿富汗，對伊朗來說也是相當大的威脅，畢竟這場戰爭就在
自家旁邊。

　　1980 年代，何梅尼的外交路線是「不要東方、不要西方、
只要伊斯蘭」(Neither East Nor West Only Islam)。「東方」指共產
主義，「西方」指資本主義。冷戰兩強對於世界各地的箝制，在
伊朗也可以感覺得到。先前的巴勒維國王就深受其害，只是因時
局所逼而不得不與美國為伍。其實何梅尼的目標與巴勒維國王一
致，都是想要脫離西方強權的壓力，只是兩人身處的時代不同，

---

❺ 蘇俄對阿富汗戰爭打了近八年之久，1985 年總書記戈巴契夫 (Mikhail
　 Gorbachev) 上任之後，決定撤軍，1987 年停戰，軍隊逐步撤出阿富汗。

作法不同、結果也不同。但何梅尼希望伊朗不願意與冷戰強權為伍，又有何不可？在冷戰時期美蘇兩強的壓力之下，伊朗與其他西亞國家無一倖免。何梅尼想要強調伊朗應該走自己的路線，再如何艱困，立場也是正確的。

二、兩伊戰爭

美國與蘇俄都沒有與伊朗交戰，但卻是伊朗西側的國家伊拉克發動了戰爭。在鄂圖曼與伊朗的邊界問題未有明確解答時，鄂圖曼已於 1923 年瓦解，兩河流域的部分大致成了今日的伊拉克，與伊朗共享漫長的邊界。以往鄂圖曼與伊朗的邊界問題，就成了伊拉克與伊朗的問題。兩伊在 1933 年曾達成過協議，但 1958 年伊拉克革命，改朝換代，又改變對伊朗的態度。1975 年兩伊再次協商，以《阿爾及爾協議》(*Algiers Agreement*) 談妥阿拉伯河航道的問題。

然而，1979 年時局有極大的變化。1975 年簽約的兩個人：伊朗巴勒維國王以及伊拉克政府的代表薩達姆胡笙 (Saddam Hossein)，前者下臺，改由何梅尼掌握了權勢，而後者在 7 月擔任伊拉克總統。兩個國家的政治生態都有變化，尤其是伊朗。儘管伊朗長久以來都是什葉派國家，但何梅尼所展現的是更加濃厚的什葉派氣氛，反對巴勒維政府的決策。伊拉克境內有眾多什葉派穆斯林，也有什葉派的聖地卡爾巴拉與納亞夫，若也跟著伊朗革命「聞雞起舞」，對薩達姆的政府來說並非好事。另有一說，1978 年 10 月何梅尼之所以離開伊拉克而到法國，就是巴勒維國

王對伊拉克政府的要求。此刻何梅尼掌政,對伊拉克充滿敵意,令薩達姆頗為警戒。1980 年 8 月底,伊拉克與伊朗衝突加劇,開啟了長達八年的兩伊戰爭 (Iran-Iraq War)。

1980 年 4 月,卡特政府試圖深夜出動飛機進入伊朗救人質,未料飛機墜毀在伊朗境內,導致救援行動曝光。本來卡特可能因埃及與以色列和談,而取得美國歷屆總統對西亞問題最榮耀的地位。但沒想到 1979 年伊朗的美國人質事件,就痛擊卡特的政治聲望。1980 年 11 月,美國總統卡特競選連任失敗。1981 年 1 月,卡特卸任的那一天,德黑蘭的美國人質全數釋放。人質事件的起落,彷彿何梅尼針對卡特的外交角力。

兩伊戰爭之中,何梅尼又順便剷除了立場不合的勢力,例如革命後的第一任總統班尼薩德爾 (Abolhassan Bani-Sadr)。對於總統來說,國家陷入極大的外交困境,當然要盡可能和緩局勢,解決問題。班尼薩德爾認為,應先與美國談妥人質的處理方式,然後再來終止兩伊戰爭。但是,「與美國交涉」是何梅尼陣營最不允許跨越的紅線。何梅尼既已除去「巴勒維」,那接下來就是「美國」,連帶國內有任何可能與美國接觸的人士,即使是總統,也都會遭到何梅尼的懲處。

1981 年擔任美國總統的雷根 (Ronald Reagan),其政治聲望也受到何梅尼的衝擊。美伊兩方都有人傾向於停止對立,以致於出現秘密的交涉行動。1985 年,雷根政府關注尼加拉瓜 (Nicaragua) 的政局是否「左傾」,意圖資助當地游擊隊推倒其政府。但在需要資金的情況之下,便試圖與伊朗方面私下談妥武器

買賣，讓伊朗可以減緩對美國的敵意。沒想到隔年事情曝光，雷根在媒體面前支支吾吾無法說明因由，這事件稱為「伊朗門事件」(Iran-Contra Affair)❻。

　　兩伊戰爭在 1988 年 7 月停戰，但後續受到波及的竟是一名英國的印度裔作家魯西迪 (Salman Rushdie)。他在 1989 年出版的新書《魔鬼詩篇》(*The Satan Verses*)，被何梅尼陣營稱為是污衊先知穆罕默德的小說，因而遭到何梅尼下令追殺，魯西迪往後受到英國政府保護❼。《魔鬼詩篇》有沒有污衊先知？這答案可能見仁見智，受到何梅尼批判的原因，大致是兩伊戰爭於 1988 年停戰，如神一般的何梅尼竟然沒有帶領伊朗打贏戰爭，魯西迪「倒楣」剛好在那時候出版了一本看似跟先知有關的著作，就成了何梅尼要穩定政治支持度的無辜犧牲品了。1989 年 6 月 3 日何梅尼去世，很顯然 1979 年以來諸多內政與外交的問題，必然讓年老且重病的何梅尼身心俱疲。

三、1990 年代的變革與拉扯

　　何梅尼去世之後，兩名何梅尼時期的重要人士，哈梅內意接任新的精神領導人，拉夫桑賈尼 (Akbar Hashemi Rafsanjani) 擔任

---

❻　1987 年著名電玩「魂斗羅」(*Contra*)，便是用了尼加拉瓜游擊隊作為遊戲開發的概念。

❼　2002 年臺灣的雅言出版社推出《魔鬼詩篇》中譯本，為了避免先前他國出版社與譯者發生的意外，出版社並未寫出譯者姓名，而是以「佚名」代替，也沒有提供出版社的地址與聯絡方式，一切低調行事。

總統。在何梅尼之後，伊朗也就走入新的階段，開始有「理想主義」（精神領導人）與「務實主義」（總統）的權力拉扯。

拉夫桑賈尼強調經濟面向的變革，像是一定要吸引外商與伊朗商人合作、投資，一旦伊朗經濟活絡了，就有機會增加國家的實力，也可以藉此改變何梅尼掌政以來的負面形象。但是，哈梅內意身為精神領導最重要的任務，就是將何梅尼要對抗西方帝國主義的「遺願」延續下去。拉夫桑賈尼的對外方針，對哈梅內意來說反而偏離了 1979 年以來的既定方向。因此，哈梅內意與拉夫桑賈尼之間的關係，儘管過去再如何緊密，已然有了一些罅隙。

1997 年當選總統的哈塔米 (Mohammad Khatami) 主張「文明對話」(Dialogue among Civilisations)，對國際釋出善意，強調「伊朗不是壞人」。這回應了那時代正熱門的政治論述，即美國政治學者杭亭頓 (Samuel Huntington) 在 1993 年提出的「文明衝突論」(Clash of Civilisations)。哈塔米的目的，就是希望最終能夠解決伊朗與美國之間的敵對關係。儘管會有伊朗人覺得過去的衝突是場意外，但對於美國人而言，1979 年的人質事件造成太大的衝擊，成為美國決策很難化解的心結。若是有某任美國總統與政府願意與伊朗和解，可能人質事件的受害家屬會予以批判，總統與政府下一次選舉必然丟掉選票。而哈梅內意延續何梅尼的路線，還是批判著美國邪惡的本質。

主流輿論都將拉夫桑賈尼與哈塔米歸類為「改革派」、「溫和派」、「務實主義者」，哈梅內意就是「保守派」、「激進派」、「理想主義者」。其實很難區分誰是哪一類，也不能說誰比較務實或

誰不務實，只能說他們的路線不同。拉夫桑賈尼的作風僅是國際
社會的期待，並不能以此批判哈梅內意「不務實」或「激進強硬」。
從哈梅內意的角度來看，拉夫桑賈尼才是不切實際、不知變通。
畢竟國際社會對伊朗充滿敵意，伊朗又何必要搖尾乞憐？

第三節　務實的伊朗與詭譎的世界

一、更加被妖魔化的伊朗

其實，就算美國願意與伊朗和解，外在環境就允許嗎？
2001 年 9 月 11 日美國紐約的世貿大樓 (World Trade Center) 分別
遭到兩架民航機撞毀，一架撞毀在五角大廈 (Pentagon) 旁、另一
架墜落在賓州 (Pennsylvania)，而阿富汗的蓋達組織 (al-Qaeda) 領
導人奧薩瑪賓拉登 (Osama bin Laden) 為主嫌。「911 事件」使得
小布希 (George W. Bush) 甫擔任總統沒多久，便面臨到幾世紀以
來美國首次本土受到外力攻擊。

這似乎讓小布希對於西亞採取了直接反擊的行動，例如立即
出兵阿富汗。2002 年，美國總統小布希將北韓、伊拉克、伊朗
列為「邪惡軸心」(Axis of Evil)。這形同伊朗過去努力想要改善
對美國的關係，全數白費。伊朗總統哈塔米個人的「溫和」形象，
還無法構成伊美關係友好的推動力。這也可以看出，國與國之間
的關係如何發展，並不代表兩方之間的意願就能決定一切，反
而外在的客觀環境才是關鍵要素。美國導演奧利佛史東 (Oliver

Stone) 執導的《喬治布希之叱吒風雲》(W.)，開場的橋段就是小布希與官員在討論該將哪些國家列入「邪惡軸心」，當伊朗是個選項時，「伊朗有民選總統」成為爭議，但最後小布希還是要伊朗入選。這雖然是諷刺的橋段，不太可能是事實，但反映出美國並不在意伊朗的制度究竟民不民主，而只在意這國家跟美國友好與否、在意伊朗的情況是否符合美國利益。

2005 年擔任伊朗總統的阿賀馬迪內賈德 (Mahmoud Ahmadinejad)❽，為 1989 年以來最有爭議的一位伊朗總統。多數人不喜歡他，所以把他的言論當笑話來看，例如 2007 年他在美國哥倫比亞大學 (Columbia University) 的演講中提到伊朗沒有同性戀之語，受到許多輿論的批判。另外，人們也把他的言論當作威脅來看，例如「要把以色列從地圖上抹去」(wipe it off from the map)，令主流輿論對伊朗更加充滿敵意。但也有人重聽阿賀馬迪內賈德的原文，其實應該是「這個占領耶路撒冷的政權必然消失在歷史洪流之中」(een rezhim-e ishghalgar-e qods bayad as safheh-ye ruzgar mahv shavad)，而且這是何梅尼在 1981 年說過的話。

若以阿賀馬迪內賈德對以色列的言論，其實也不見得表示伊朗就會攻擊以色列。伊朗在巴勒維政府時期本來也不敵對以色列，有些研究指出，美國對伊朗有諸多經濟援助，其目的之一就

---

❽ 臺灣的新聞報導將 Ahmadinejad 音譯為「艾馬丹加」、「阿馬丁加」，如前述的伊朗精神領袖哈梅內意名字音譯的問題一樣，故較為恰當的音譯應是「阿賀馬迪內賈德」。

是不希望伊朗與以色列友好，以抗衡鄰近阿拉伯國家的敵意。可是在 1979 年何梅尼掌握政權之後，「反美」的立場也擴大為任何跟美國友好的國家，例如沙烏地阿拉伯、以色列。何梅尼批判美國為「大撒旦」(Great Satan)，以色列則是「小撒旦」(Little Satan)。可是從目前的情況來看，伊朗從未攻擊過以色列，許多口頭上看似敵對的語氣，也不構成對以色列安全的威脅。但就因為主流輿論都是以美國、以色列立場為準，於是伊朗什麼事也沒做就成為恐怖國家。

二、政治不正確的伊朗

從上述的情況來看，伊朗的形象好壞，端看美國與主流輿論的態度，也就是「政治正確」與否的問題了。在 1980 年代，也就是 1979 年伊朗革命之後，美國與主流國際社會開始嚴厲對待伊朗，特別是有關於開發核子武器這樣的事情。半島電臺（英文版）有個節目「帝國」(Empire)，在 2012 年的圓桌對談時，主持人馬爾旺畢夏拉 (Marwan Bishara) 說道，他在 2010 年就提到「1980 年代以來，美國政府與主流輿論一再指稱，伊朗在幾個月或者很短時間內就會有核子武器」。這當然都是帶有伊朗將對世界造成威脅的宣傳意涵。

在 1979 年之前，伊朗本來可以發展核子武器，而且早就簽署過《核子武器不擴散條約》(*Treaty on the Non-Proliferation of Nuclear Weapons*, NPT)，1979 年革命之後也沒有毀棄遵守這份條約的義務。結果在 1979 年之後，儘管伊朗可能都沒有發展核子

武器的技術，美國仍然一口咬定伊朗會有核子武器，言下之意就是伊朗會破壞世界和平。但是，反觀以色列從未簽字，核子武器的發展也從未停過，美國也沒有予以懲處 ❾。如果是敵對美國的國家出現像以色列這種情況，大概早已經被經濟制裁了。伊朗就是站在「政治不正確」那一方，因而不斷遭到批判、妖魔化。

美國政治評論家杭士基（Noam Chomsky，也有中譯為「喬姆斯基」）在《海盜與皇帝》(*Pirates and Emperors: Old and New International Terrorism in the Real World*) 引用一則海盜與皇帝的故事。海盜對皇帝說：「我們一樣都在海上興風作浪，我有一艘小船，被稱為海盜，而你有一支海軍，所以你是皇帝。」但現實便是握有話語權者，怎麼說怎麼做都可以，其他人一概都是邪惡的一方。而薩依德的作品《遮蔽的伊斯蘭》(*Covering Islam*) 也是指出這種話語權不平衡的狀態，穆斯林與伊斯蘭國家都被冠上許多莫須有的罪名，以及邪惡的形象。

在法國的伊朗裔作家瑪讚莎塔碧 (Marjane Satrapi) 的《我在伊朗長大》(*Persepolis*)、美國的伊朗裔學者阿颯爾納菲西 (Azar Nafisi) 的《在德黑蘭讀羅莉塔》(*Reading Lolita in Tehran: A Memoir in Books*)、加拿大的伊朗裔作家瑪莉娜奈梅特 (Marina Nemat) 的《德黑蘭的囚徒》(*Prisoner of Tehran*)，都提到

---

❾ 1990 年代時，埃及也曾要求以色列簽署該條約，若以色列不簽，埃及也不願意簽字。美國卻說以色列長久以來受到阿拉伯人的威脅，不需要簽字。

了伊朗女性在 1979 年革命之後受到的不平等待遇，她們的遭遇在主流國際社會之間也獲得廣大迴響。但是，這些作品「批判何梅尼政府」的意識鮮明，是否這符合國際間的認知而得以廣大出版，成為重要著作？其實這些只是她們的經驗，何梅尼政府的一些作為其實不是完全無理，甚至有些是不得已的必要之惡。這可能會是多數讀者不會去考慮到的層面，一再出版這方面的作品，也有可能侷限讀者的視野。試想，一本肯定何梅尼政府的著作，是否有可能在歐美出版呢？

2012 年美國電影《亞果出任務》(Argo)，改編自 1979 年德黑蘭的美國人質事件，獲得 2013 年奧斯卡最佳影片，其實並不是拍得有多好，而是因為影片很明確地把伊朗定義為反派，然後讓觀眾看美國人如何在艱困與驚險的情況下救出人質。這樣的劇情，得獎就是因為全然「政治正確」，頒獎人為時任美國國務卿的萊斯 (Condoleezza Rice)，更加地「政治正確」。

三、未定的世界局勢

2015 年開始，歐洲國家、美國、伊朗開始商談核子協議，在 2016 年談妥。在這過程之中，美國總統歐巴馬 (Barak Obama) 也願意停止對伊朗的制裁。但是，很多報導都指出，制裁從未真正停止過。而且，美國有部分國會議員都表明了，總統會卸任，往後國會有可能否決這項協議。伊朗也有類似的情況，例如精神領導人哈梅內意不斷強調美國不可靠，也有不少人反對總統羅哈尼 (Hassan Rouhani) 簽署這項協議。到了 2017 年 1 月川普

(Donald Trump) 就任總統之後，對穆斯林、對西亞地區就有許多不甚中聽的言論與行動，更在 2018 年否決了對伊朗的核協議，頓時讓美伊關係又出現新的變數，各家輿論似乎都在看什麼時候美國與伊朗會爆發戰爭。

不過，各界輿論不必猜測伊朗與美國關係會不會降至冰點，畢竟自 1979 年這四十年來，兩國的關係就從來沒有升溫過，又何來「降至冰點」？歐巴馬肯定無意與伊朗友好，而是用國際規範來框住伊朗，伊朗也必須玩歐巴馬的遊戲規則，以改變自己的形象，也許往後會有更好的機會掙脫束縛。伊朗遵守遊戲規則，也許為的是加入核子發展的大家庭之中，讓大家知道他們是「好鄰居」，是遵守校規的「好學生」。川普的作法也並未讓伊美關係惡化，僅僅只是把歐巴馬的路線，又調回裡外一致都壓制伊朗的路線。美伊雙方當然各有算計，就看誰在這場遊戲之中獲勝。

有學者認為伊朗一直以來形象不好，就是缺乏公關與自我宣傳的策略。伊朗本身當然有些主觀問題需要解決，可是其實每個國家都有自身的問題，例如高失業率、政治內鬥、貧富差距大等等，並沒有誰優誰劣。但從整個情況來看，伊朗其實已經做了很多努力，問題在於美國與主流國際社會不願意認同「伊朗是好人」。就如同哈塔米表態要「文明對話」之後，伊朗沒幾年後仍被列入「邪惡軸心」的情況一樣，羅哈尼願意接受核子協議，但轉眼間川普又改變了態度。只因為伊朗是反美國家，國際輿論就塑造出伊朗是邪惡國家的形象，導致多數人並不知道伊朗內部到底是什麼情況，眼中只有不願意拿掉的偏見。

追根究柢，伊朗現在的封閉與困頓，外在環境塑造成的比例

遠大於內部問題。但換個角度來看，其實美國也陷入困境。伊朗與俄羅斯目前保持友好關係，成為美國與以色列陣營的最大對手，整個情況與二十世紀冷戰時期完全相反，也成為美國難以放下的心結，伊朗看似無法駁倒，又在歐洲仍堅持與伊朗維持核協議的情況下，反而走不出困境的是美國，還在 1979 年以來的陰影之下。

　　輿論不斷在問：「伊朗是否會與美國改善關係？」但我們可以反問：「為什麼伊朗一定要跟美國改善關係？」儘管這個時代美國還是世界首強，但沒有必要每個國家都要跟美國保持友好，儘管伊朗與美國曾是好友，也不代表就應該要保持那樣的關係。更何況美國在二戰之後進入西亞地區是為了石油，對伊朗友好也是有其目的。只不過本來國家之間的關係都是建立在利益之上，美國的作法並沒有錯，但若伊朗不願與美國友好，也不該受到批判。自 1979 年革命以來的伊朗，對西亞與世界局勢都有所衝擊，仍然是西亞的中心地位，有創造新局的姿態。往後雖然一切未定，但伊朗仍然會有令人關注的發展。

Iran

附　錄

大事年表

西元前

約 1500 年	埃蘭王國興起。
七世紀中葉	居魯士一世自安善崛起，拓展勢力到今日伊朗南部的法爾斯省。
550 年	居魯士二世建立阿契美尼德帝國。
545 年	居魯士二世向東進入印度北部。
539 年	居魯士二世擊敗巴比倫。
531 年	大流士一世將帝國拓展到色雷斯地區。
529 年	岡比西斯二世攻下埃及，為第二十七王朝法老。
522 年	高墨達政變。
	大流士一世登基。
518 年	波斯波里斯宮殿開始興建。
493 年	大流士一世進逼雅典失敗。
490 年	馬拉松戰役，伊朗敗給雅典。
486 年	埃及暴動、大流士一世去世，薛西斯一世即位。
481 年	薛西斯一世平定埃及。
449 年	伊朗征服雅典再度失利。
404 年	大流士二世去世，埃及第二十八王朝脫離伊朗。
343 年	亞達薛西斯三世再度征服埃及。
333 年	馬其頓的亞歷山大於伊索斯戰役擊敗伊朗。
332 年	馬其頓軍隊擊敗伊朗，入主埃及，建立跨越歐亞非的亞歷山大帝國。
330 年	流竄的大流士三世遭到殺害，阿契美尼德帝國結束。

323 年	亞歷山大去世，帝國隨後分裂成安提哥納王國、托勒密王國、塞琉古王國，三強爭奪勢力範圍。
281 年	塞琉古攻入馬其頓。
274 年～	塞琉古與托勒密的三次敘利亞戰爭。
245 年	
247 年	裏海東部的帕提安勢力崛起，領導人為阿薩息斯一世。
231 年	阿薩息斯一世與塞琉古二世簽署和平條約。
217 年	阿薩息斯一世去世。
200 年	塞琉古取得托勒密在敘利亞的領土。
175 年	塞琉古擊敗托勒密，拿下埃及。
141 年	帕提安勢力拓展到兩河流域，取代塞琉古。密特里達特斯一世為帕提安帝國創建人。
138 年	密特里達特斯一世去世。
96 年	帕提安與羅馬以幼發拉底河為邊界。
53 年	帕提安擊敗羅馬，阻擋了羅馬要稱霸東方的企圖。

西元後

117 年	羅馬皇帝圖拉真進入波斯灣地區。
224 年	阿契美尼德家族後代的阿爾達西爾一世（或稱亞達薛西斯）推翻了帕提安，建立薩珊帝國。
243 年	薩珊沙普爾一世擊敗羅馬皇帝戈爾迪安。
258 年	薩珊俘虜羅馬皇帝瓦拉里安。
395 年	羅馬帝國分裂，東部地區成為東羅馬帝國，也稱為拜占庭帝國。
427 年	薩珊與中亞的嚈噠交戰。
532 年	薩珊與拜占庭帝國簽訂和平條約。
616 年	薩珊攻下埃及。
628 年	薩珊與拜占庭簽署合約。

637 年　　薩珊於卡迪西亞戰役敗給阿拉伯的穆斯林。

651 年　　薩珊帝國滅亡。

661 年　　巫麥雅帝國建立，勢力範圍包含了薩珊帝國的領土。

680 年　　胡笙在卡爾巴拉遭到巫麥雅哈里發亞齊德殺害，這天
　　　　　為伊斯蘭曆的穆哈蘭月第十天，稱為「亞述拉日」。

725 年　　呼羅珊與河中地區暴動，巫麥雅軍隊至 737 年才平定。

746 年　　阿巴斯派自伊朗地區西進巫麥雅本土，阿布姆斯林頗
　　　　　有戰功。

750 年　　巫麥雅帝國滅亡，阿巴斯帝國建立。

751 年　　阿巴斯與唐朝在中亞交戰，為怛羅斯之役。

813 年　　阿巴斯王室中有伊朗人血統的馬蒙擔任哈里發。

821 年　　呼羅珊的塔希爾勢力崛起，為第一個伊朗人的伊斯蘭
　　　　　勢力。

833 年　　馬蒙之弟、有突厥人血統的穆塔希姆擔任哈里發。

867 年　　西斯坦的薩法爾勢力崛起。

946 年　　布葉勢力控制了巴格達。

969 年　　什葉派法蒂瑪王朝在埃及穩定發展，與大伊朗地區的
　　　　　阿巴斯分庭抗禮。

977 年　　在今日阿富汗南部的突厥勢力哥疾寧崛起。

1040 年　　塞爾柱人在丹丹納坎戰役打敗哥疾寧。

1055 年　　塞爾柱人入主巴格達，擊退布葉勢力，獲得哈里發盛
　　　　　大歡迎。

1071 年　　曼茲喀特戰役，塞爾柱俘虜拜占庭皇帝羅曼努斯四世。

1094 年　　塞爾柱君主馬利克夏去世，往後陷入政治權位鬥爭危機。

1096 年　　第一次法蘭克人入侵（十字軍東征）。

1098 年　　法蘭克人拿下耶路撒冷，隨後建立了四個王國：艾德
　　　　　薩王國、安提哥王國、的黎波里王國、耶路撒冷王國。

1118 年　　呼羅珊的桑賈爾登基，穩住政局。

1140 年	花剌子模勢力崛起，掠奪塞爾柱東方的領土。
1148 年	第二次法蘭克人入侵。
1169 年	薩拉丁前往埃及，協助抵抗法蘭克人。
1171 年	埃及回歸阿巴斯的帝國領土，薩拉丁則建立阿尤比王朝取代法蒂瑪。
1193 年	薩拉丁去世。
1218 年	蒙古商隊遭到花剌子模殺害，導致蒙古勢力追擊。
1221 年	花剌子模國王摩訶莫在裏海去世。
1235 年	第二次蒙古西征。
1250 年	埃及馬木路克王朝建立，取代阿尤比王朝。
1252 年	第三次蒙古西征
1258 年	旭烈兀攻入巴格達，阿巴斯帝國走入歷史。
1260 年	旭烈兀於伊朗地區建立伊兒汗國，與馬木路克在艾加鹿交戰，因蒙哥大汗去世而停止戰爭。
1270 年	合贊汗施行伊斯蘭化政策。
1299 年	鄂圖曼勢力於安納托利亞西側崛起，隨後進入巴爾幹半島。
1335 年	伊兒汗國的不賽因汗去世，汗國開始衰弱。
1370 年	河中地區的帖木兒勢力崛起，十年建立了領土範圍包括伊朗南部、兩河流域的帖木兒帝國。
1402 年	帖木兒進逼高加索地區，擊敗鄂圖曼勢力。
1405 年	帖木兒去世。
1501 年	十二伊瑪目派教長伊斯馬儀一世建立薩法維王朝，以塔不里士為政治中心。 伊斯馬儀一世協助帖木兒後代巴布爾，擊敗烏茲別克的昔班尼汗。
1514 年	薩法維與鄂圖曼交戰，稱為查爾迪朗戰役。
1524 年	伊斯馬儀一世去世，其子塔賀馬斯普即位，紅帽軍團掌握大權。

1526 年	蒙兀兒王朝建立，也稱印度帖木兒王朝。
1576 年	塔賀瑪斯普去世。
1588 年	阿巴斯一世即位，進行王朝改革。
1599 年	阿巴斯一世將伊斯法罕作為政治中心。
1622 年	英國東印度公司與伊朗合作趕走波斯灣的葡萄牙勢力，阿巴斯一世給予英國東印度公司在波斯灣很大的權力。
1639 年	薩法維與鄂圖曼長期競爭，此時簽署《索哈布條約》，達成邊界劃分的共識。
1722 年	薩法維王朝因阿富汗的吉爾札伊部落叛亂而滅亡。
1729 年	來自伊朗東北的納德爾國王收復伊斯法罕。
1736 年	納德爾國王建立阿夫夏里王朝。
1746 年	阿夫夏里與清朝協商友好關係，相互送禮。
1748 年	納德爾國王遭到部下殺害，伊朗南方的桑德部落掌握伊朗南部優勢。
1797 年	卡加部落崛起，成立卡加王朝，定都德黑蘭。
1798 年	法國將軍拿破崙占領埃及。
1801 年	伊朗與英國簽署條約，防止法軍進入波斯灣。
1807 年	伊朗與法國簽署《芬肯斯坦條約》，法國協助伊朗取得高加索，伊朗協助法國進入中亞。
1809 年	伊朗與英國再次簽署條約，英國協助伊朗對抗俄國，但伊朗軍事顧問必須聘用英國人而不再是法國人。
1813 年	伊朗與俄國簽署《古里斯坦條約》，俄國取得多數高加索土地。
1828 年	伊朗與俄國簽署《土庫曼查宜條約》，俄國取得在伊朗的領事裁判權。
1832 年	伊朗與鄂圖曼簽署《艾爾澤魯姆條約》，依照 1639 年《索哈布條約》來劃分邊界。

1848 年	伊朗與鄂圖曼簽署第二份《艾爾澤魯姆條約》，鄂圖曼要求阿拉伯與周圍地區屬於鄂圖曼領土。
1857 年	伊朗與英國戰爭，伊朗戰敗而與英國簽訂《巴黎條約》，伊朗同意放棄阿富汗領土。
1871 年	德意志帝國統一。
1872 年	《路透利權》簽訂，包含了鐵路、煤礦、石油、電報等項目，但隔年取消。
1889 年	《卡倫河利權》簽署。
1890 年	俄國與伊朗簽署鐵路禁建協議，於 1910 年終止。 伊朗與英國簽訂《煙草利權》，受到煙草商與社會反對壓力，兩年後取消。
1896 年	納塞爾丁國王遭到刺殺，穆薩法爾丁登基。
1901 年	伊朗首相阿敏阿蘇潭與英國資本家達西簽署《石油開採利權》，達西有六十年的時間在伊朗開採石油。
1905 年	伊朗立憲運動。
1906 年	伊朗憲法制訂，隔年增訂補充條款。
1907 年	英俄協定簽署，將伊朗劃分成三區塊，北部為俄國勢力範圍、東南部為英國勢力範圍，中間地帶為緩衝區。
1908 年	英國於伊朗西南部的所羅門清真寺挖到石油。 伊朗國王穆罕默德阿里砲擊國會。
1909 年	英國波斯石油公司成立。 穆罕默德阿里國王遭反對勢力罷黜。
1910 年	伊朗聘請美國財政顧問修斯特。 修斯特捲入英俄在伊朗的政治糾紛，在倫敦《泰晤士報》批判兩強。 俄國發給伊朗兩份最後通牒，要求撤除修斯特的職位，外籍顧問聘用應經由英俄同意。
1911 年	修斯特離開伊朗。 伊朗與英國簽訂鐵路興建契約，試圖在伊朗西南方建立鐵路網。

1914 年　　第一次世界大戰爆發，伊朗宣布中立。

1916 年　　伊朗與英俄商談同盟條約，最後協商不成，伊朗仍維持中立。

1919 年　　伊朗派代表團出席巴黎和會，卻因為是中立國而無法入會。

　　　　　伊朗與英國簽署《1919 年英伊條約》，英國承認伊朗主權獨立與領土完整，但英國的經濟與軍事影響力全盤深入伊朗。

1920 年　　伊朗加入國際聯盟。

　　　　　《1919 年英伊條約》取消。

1921 年　　禮薩汗政變，兩年後擔任首相。

　　　　　《蘇俄伊朗友好條約》簽訂。

1925 年　　國會推舉禮薩汗為伊朗國王，卡加王朝結束。

1926 年　　巴勒維政府成立。

1933 年　　伊朗與英國簽署新的石油協議，限縮英國在伊朗開採石油的面積，平衡兩國的利潤比例。

1934 年　　禮薩巴勒維國王出訪土耳其。

1937 年　　伊朗、土耳其、伊拉克、阿富汗簽署《薩阿德阿巴德條約》，四國保持友好互助，建立西亞合作聯盟。

1939 年　　第二次世界大戰爆發，伊朗宣布中立。

1941 年　　英國與蘇俄占領伊朗，禮薩巴勒維退位，離開伊朗，其子穆罕默德禮薩巴勒維登基。

1942 年　　英國、蘇俄、伊朗簽署同盟條約，英蘇約定對德國作戰結束後半年自伊朗撤軍。

1943 年　　英國、美國、蘇俄領袖在伊朗召開「德黑蘭會議」。

1945 年　　蘇俄不願意從伊朗撤軍。

1946 年　　伊朗向聯合國控告蘇俄的土地侵犯與占領，是為伊朗控蘇案。

1951 年	國會議員穆沙迪克擔任伊朗首相,推動石油國有化,打擊英國經濟。
1953 年	穆沙迪克政府遭到美國 CIA 推翻。
1955 年	英國主導「中部公約組織」,成員有土耳其、伊朗、伊拉克、巴基斯坦。
1961 年	巴勒維國王推動「白色革命」。
1970 年	巴勒維國王將伊斯蘭曆改為古伊朗帝國曆。
1973 年	埃及與以色列交戰,沙烏地與伊朗提高石油價格以打擊西方勢力。
1974 年	巴勒維成立復興黨,廣納社會專業人士進入國會。
1977 年	巴勒維國王推動「自由化政策」,釋放政治犯、開放言論自由。
1978 年	革命勢力凝聚,也有宗教人士何梅尼在法國批判巴勒維。 革命人士巴賀提亞爾說服國王以休假名義離開伊朗。
1979 年	巴賀提亞爾擔任首相。 巴勒維離開伊朗。 何梅尼回到伊朗。 臨時政府成立,而何梅尼有革命議會、革命衛隊,為平行政府時期。 何梅尼的宗教理念「宗教學者的政治管理」,作為憲法制訂的骨幹。支持者視他為精神領導人。 伊朗民眾衝擊德黑蘭美國大使館,後來挾持人質四百四十四天。
1980 年	伊拉克攻打伊朗,美國支持伊拉克,是為「兩伊戰爭」。 班尼薩德爾擔任總統。
1981 年	班尼薩德爾因試圖與美國交涉以解決人質事件與兩伊戰爭,遭到何梅尼陣營批判,被撤掉總統職位。

1986 年	美國政府試圖秘密與伊朗做武器交易，事件被洩漏之後，雷根總統支吾其詞，稱為「伊朗門事件」。
1988 年	兩伊戰爭停戰。
1989 年	何梅尼下令追殺《魔鬼詩篇》作者魯西迪，因為其作品內容污衊先知穆罕默德。 何梅尼去世。 哈梅內意接任精神領導人，拉夫桑賈尼擔任總統。
1993 年	拉夫桑賈尼連任總統。
1997 年	哈塔米當選總統，對外主張「文明對話」。
2001 年	911 事件。
2002 年	伊朗、伊拉克、北韓被美國列入「邪惡軸心」。
2005 年	阿賀馬迪內賈德擔任總統。
2007 年	阿賀馬迪內賈德於美國哥倫比亞大學演講，指出伊朗沒有同性戀，遭到輿論謾罵。 阿賀馬迪內賈德說「要將以色列從地圖上抹去」引發爭議，但其實原意並非如此。
2009 年	阿賀馬迪內賈德連任總統，但部分民眾不滿這個結果，爆發示威的反對運動。
2013 年	羅哈尼擔任總統。
2015 年	伊朗與美國等國家完成核子談判。
2017 年	羅哈尼連任總統。
2018 年	川普退出核協議。
2019 年	哈梅內意在麥加朝聖期間，呼籲穆斯團結，對抗美國對西亞施加的壓力。
2020 年	美軍在伊拉克擊斃伊朗伊斯蘭革命衛隊聖地旅指揮官卡希姆蘇萊曼尼。

參考書目

1. Abrahamian, Ervand. *A History of Modern Iran*, Cambridge: Cambridge University Press, 2008.
2. Abrahamian, Ervand. *Iran between Two Revolutions*, Princeton: Princeton University Press, 1982.
3. Abrahamian, Ervand. *The Coup: 1953, The CIA, and the Roots of Modern U.S.-Iranian Relations*, New York: The New Press, 2013.
4. Adib-Moghaddam, Arshin (ed). *A Critical Introduction to Khomeini*, New York: Cambridge University Press, 2014.
5. Adib-Moghaddam, Arshin. *Iran in World Politics*, London: Hurst & Company, 2007.
6. Amanat, Abbas. *Iran: A Modern History*, New Haven & London: Yale University Press, 2017.
7. Atabaki, Touraj (ed). *Iran in the 20th Century: Historiography and Political Culture*, New York and London: I.B. Tauris, 2010.
8. Atabaki, Touraj and Zürcher, Erik J. (eds). *Men of Order: Authoritarian Modernization under Reza Shah*, New York: I.B. Tauris, 2004.
9. Atabaki, Touraj (ed). *Iran and World War I: Battleground of the Great Powers*, London and New York: I.B. Tauris, 2006.
10. Avery, Peter, Hambly, Gavin and Melville, Charles (ed). *The Cambridge History of Iran, Volume 7 From Nadir Shah to the Islamic Republic*, Cambridge: Cambridge University Press, 1991.
11. Axworthy, Michael. *The Revolutionary Iran: A History of the Islamic Republic*, Oxford: Oxford University Press, 2013.
12. Chehabi, H. E.. *Iranian Politics and Religious Modernism: The*

　　　　Liberation Movement of Iran under the Shah and Khomeini, Ithaca: Cornell University Press, 1990.

13. Streusand, Douglas E.. *Islamic Gunpowder Empires: Ottomans, Safavids, and Mughals*, Boulder: Westview Press, 2011.

14. Fawcett, Louise. *Iran and the Cold War: The Azerbaijan Crisis of 1946*, Cambridge: Cambridge University Press, 1992.

15. Frye, R. N. (ed). *The Cambridge History of Iran, Volume 4 The Period from the Arab Invasion to the Saljuqs,* Cambridge: Cambridge University Press, 1975.

16. Gershevitch, Ilya (ed). *The Cambridge History of Iran, Volume 2 The Median and Achaemenian Periods*, Cambridge: Cambridge University Press, 1985.

17. Hasanli, Jamil. *At the Dawn of the Cold War: The Soviet-American Crisis over Iranian Azerbaijan, 1941-1946*, Lanham: Rowman & Littlefied, 2006.

18. Holt, P. M., Lambton, Ann K. and Lewis, Bernard (ed). *The Cambridge History of Islam (Volume 1 and 2)*, London: Cambridge University Press, 1970.

19. Jackson, Peter and Lockhart, Laurence (eds). *The Cambridge History of Iran, Volume 6 The Timurid and Safavid Periods,* Cambridge: Cambridge University Press, 1986.

20. Jackson, Peter. *The Mongols and the Islamic World: From Conquest to Conversion*, New Haven and London: Yale University Press, 2017.

21. Katouzian, Homa. *State and Society in Iran: The Eclipse of the Qajars and the Emergence of the Pahlavis*, New York: I.B. Tauris, 2000.

22. Katouzian, Homa. *The Persians: Ancient, Mediaeval and Modern Iran*, New Haven: Yale University Press, 2009.

23. Keddie, Nikki. *Modern Iran: Roots and Results of Revolution*, New Haven: Yale University, 2006.

24. Martin, Vanessa (ed). *Anglo-Iranian Relations since 1800*, London and New York: Routledge, 2005.

25. Martin, Vanessa. *Islam and Modernism: The Iranian Revolution of 1906*, London: I.B. Tauris, 1989.

26. Golden, Peter. *Central Asia in World History*, Oxford: Oxford University Press, 2010.

27. Rieber, Alfred J.. *The Struggle for the Eurasian Borderlands: From the Rise of Early Modern Empires to the End of the First World War*, Cambridge: Cambridge University Press, 2014.

28. Rostami-Povey, Elaheh. *Iran's Influence*, London & New York: Zed Books, 2010.

29. Savory, Roger. *Iran under the Safavids*, Cambridge: Cambridge University Press, 1980.

30. Shuster, W. Morgan. *The Strangling of Persia*, New York: The Century Co., 1912.

31. Walcher, Heidi, "1501 in Tabriz: From Tribal Takeover to Imperial Trading Circuit?," in Tagliacozzo, Eric, Siu, Helen F., and Perdue, Peter C. (eds.). *Asia Inside Out: Changing Times*, Massachusetts: Harvard University Press, 2015, pp. 23-63.

32. Wang, Yidan. "The Iranian Constitutional Revolution as Reported in the Chinese Press," in Chehabi, H. E. and Martin, Vanessa (eds.). *Iran's Constitutional Revolution: Popular Politics, Cultural Transformations and Transnational Connections*, London: I.B. Tauris, 2010, pp. 369-379.

33. Bernard Lewis 著、蔡百銓譯，《阿拉伯人的歷史》，臺北：聯經出版社，1986 年。

34. G. D. 古拉提著、劉謹玉譯，《蒙古帝國中亞征服史》，北京：社會科學文獻出版社，2017 年。

35. G. 勒‧斯特蘭奇著、韓中義譯，《大食東部歷史地理研究：從阿拉伯帝國興起到帖木兒朝時期的美索不達米亞、波斯和中亞諸地》，北京：社會科學文獻出版社，2018 年。

36. 丹尼爾尤金著、薛絢譯，《石油世紀》，臺北：時報文化，1991年。

37. 元文琪，《二元神論：古波斯宗教神話研究》，北京：中國社會科學出版社，1997年。

38. 文安立著、牛可譯，《全球冷戰》，北京：世界圖書出版公司，2013年。

39. 王志來，《中亞通史》，烏魯木齊：新疆人民出版社，2004年。

40. 王治來，《中亞史》，北京：人民出版社，2010年。

41. 世界史資料叢刊，李鐵匠選譯，《上古史部分：古代伊朗史料選輯》，北京：商務印書館，1992年。

42. 希爾布蘭登著、高慧玲譯，《十字軍：伊斯蘭的觀點》，新北市：廣場出版，2017年。

43. 伊本巴杜達著、苑默文譯，《伊本巴杜達遊記》，臺北：臺灣商務印書館，2015年。

44. 伊本赫勒敦著、李振中譯，《歷史緒論》，銀川：寧夏人民出版社，2014年。

45. 安德森著、吳叡人譯，《想像的共同體：民族主義的起源與散布》，臺北：時報文化，1999年。

46. 米夏埃爾比爾剛著、李鐵匠譯，《古代波斯諸帝國》，北京：商務印書館，2015年。

47. 羽田正著、林詠純譯，《東印度公司與亞洲的海洋：跨國公司如何創造二百年歐亞整體史》，新北：八旗文化，2018年。

48. 艾立克沃爾夫著、賈士蘅譯，《歐洲與沒有歷史的人》，臺北：麥田出版，2003年。

49. 艾德華艾爾柏斯著、陽明凱譯，《一帶一路：帶你走入印度洋的歷史》，臺北：五南出版社，2017年。

50. 吳成，《巴列維王朝的最後四百天》，上海：上海交通大學出版社，2018年。

51. 希羅多德，《歷史》，臺北：臺灣商務印書館，1997年。

52. 志費尼著、何高濟譯，《世界征服者史》，南京：江蘇教育出版社，2005年。

53. 杉山正明著、周俊宇譯，《忽必烈的挑戰》，新北：八旗文化，2014 年。

54. 李春放，《伊朗危機與冷戰的起源（1941～1947 年）》，北京：中國社會科學文獻出版社，2001 年。

55. 李鐵匠，《伊朗古代歷史與文化》，南昌：江西人民出版社，1993 年。

56. 李露曄著、邱仲麟譯，《當中國稱霸海上》，桂林：廣西師範大學出版社，2004 年。

57. 孟席斯著、洪山高譯，《1434：中國點燃義大利文藝復興之火？》，臺北：遠流出版，2011 年。

58. 岡田英弘著、陳心慧譯，《世界史的誕生：蒙古的發展與傳統》，新北：廣場出版，2013 年。

59. 彼德梵科潘著、苑默文譯，《絲綢之路：從波斯帝國到當代國際情勢，橫跨兩千五百年人類文明的新世界史》，臺北：聯經，2020 年。

60. 彼得高登著、李政賢譯，《一帶一路：帶你走入中亞的歷史》，臺北：五南圖書出版，2017 年。

61. 忽里、濮德培著，牛貫杰摘譯，〈突破西方中心史觀──以清王朝和奧斯曼帝國為例〉，《開放時代》，2014 年第 3 期，頁 108～113。

62. 拉爾斯布朗沃思著、吳斯雅譯，《拜占庭帝國》，北京：中信出版社，2016 年。

63. 杭士基著、李振昌譯，《海盜與皇帝：真實世紀中的新舊國際恐怖主義》，臺北縣新店市：立緒文化，2004 年。

64. 法里瑪扎海里著、耿昇譯，《絲綢之路：中國—波斯文化交流史》，北京：中華書局，1993 年。

65. 芭芭拉麥卡夫、湯馬斯麥卡夫著，陳琦郁譯，《蒙兀兒之後：印度五百年的蛻變》，新北：左岸文化，2011 年。

66. 芮樂偉韓森著，梁侃、鄒勁風譯，《開放的帝國：1600 年前的中國歷史》，北京：社會科學文獻出版社，2016 年。

67. 芮樂偉韓森著、張湛譯，《絲綢之路新史》，北京：北京聯合出版公司，2015 年。

68. 邱劭晴，《波斯神話故事》，臺中：好讀出版，2017 年。

69. 阿里安著、李活譯，《亞歷山大遠征記》，臺北：臺灣商務印書館，2001 年。

70. 阿明馬洛夫著、彭廣愷譯，《阿拉伯人眼中的十字軍東征》，臺北：河中文化，2004 年。

71. 阿斯蘭著，魏靖儀譯，《伊斯蘭大歷史：從野獸到扮演上帝》，新北：衛城出版，2018 年。

72. 哈拉瑞著、林俊宏譯，《人類大歷史》，臺北：天下文化，2014 年。

73. 威廉波爾克著、林佑柔譯，《伊朗》，新北：遠足文化，2017 年。

74. 威廉麥克尼爾著，孫岳、陳志堅、于展等譯，《西方的興起：人類共同體史》，北京：中信出版社，2015 年。

75. 柯文著、杜繼東譯，《歷史三調：作為事件、經歷和神話的義和團》，南京：江蘇人民出版社，2000 年。

76. 約瑟夫著，《猶太古史記》，臺中：信心聖經神學院，2013 年。

77. 約翰達爾文著、黃中憲譯，《未竟的帝國》，臺北：麥田出版，2015 年。

78. 約翰達爾文著、黃中憲譯，《帖木兒之後》，臺北：野人文化，2010 年。

79. 范鴻達，《美國與伊朗：從朋友到仇敵》，北京：新華出版社，2012 年。

80. 范鴻達，《美國與伊朗：曾經的親密》，北京：社會科學文獻出版社，2006 年。

81. 埃雷斯馬內拉著、吳潤璿譯，《1919：中國、印度、埃及、韓國，威爾遜主義及民族自決的起點》，新北：八旗文化，2018 年。

82. 埃爾頓丹尼爾著、李鐵匠譯，《伊朗史》，上海：東方出版，2016 年。

83. 孫培良，《薩珊朝伊朗》，重慶：西南師範大學出版社，1995 年。

84. 徐中約著、屈文生譯，《中國進入國際大家庭：1858-1880 年間的外交》，北京：商務印書館，2018 年。

85. 格列科夫、雅庫伯夫斯基著，余大軍譯，《金帳汗國興衰史》，北京：商務印書館，1985 年。

86. 浦洛基著、林添貴譯，《雅爾達：改變世界命運的八日秘會》，臺北：時報出版，2011 年。

87. 貢德法蘭克著、劉北成譯，《白銀資本：重視經濟全球化中的東方》，北京：中央編譯出版社，2000 年。

88. 馬可波羅著、馮承鈞譯，《馬可波羅行紀》，臺北：臺灣商務印書館，2000 年。

89. 馬克馬佐爾著、劉會梁譯，《巴爾幹：被誤解的歐洲火藥庫》，新北：左岸文化，2005 年。

90. 馬堅譯，《古蘭經》，北京：中國社會科學出版社，1996 年。

91. 馬歇爾哈濟生著，《伊斯蘭文明：火藥帝國與現代伊斯蘭》，新北：臺灣商務印書館，2016 年。

92. 馬歇爾哈濟生著，高慧玲、戴以專譯，《伊斯蘭文明：中期伊斯蘭的擴張》，新北：臺灣商務印書館，2016 年。

93. 馬歇爾哈濟生著，張人弘、邱太乙、馬慧妍、羅心彤譯，《伊斯蘭文明：伊斯蘭的古典時期》，新北：臺灣商務印書館，2016 年。

94. 馬歡著、馮承鈞校注，《瀛涯勝覽校注》，臺北：臺灣商務印書館，1970 年。

95. 勒內格魯塞著、王穎編譯，《蒙古帝國興亡錄》，北京：民主與建設出版社，2017 年。

96. 張日銘，《伊斯蘭世界》，臺北：明文書局，1997 年。

97. 梅天穆著，馬曉林、求芝蓉譯，《世界歷史上的蒙古征服》，北京：民主與建設出版社，2017 年。

98. 許序雅，《中亞薩曼王朝史研究》，北京：商務印書館，2017 年。

99. 陳志強，《拜占庭帝國史》，北京：商務印書館，2003 年。

100. 麥克安斯沃西著，苑默文、劉宜青譯，《伊朗：從瑣羅亞斯德到今天的歷史》，新北：廣場出版，2018 年。

101. 傑克魏澤福著、黃中憲譯，《成吉思汗：近代世界的創造者》，臺北：時報文化，2018 年。

102. 傑克魏澤福著、黃中憲譯，《征服者與眾神：成吉思汗如何為蒙古帝國開創盛世》，臺北：時報文化，2018 年。

103. 湯恩比著、陳曉林譯，《歷史研究》，臺北：遠流出版，2000 年。

104. 湯瑪士特洛曼著、林玉菁譯，《印度：南亞文化的霸權》，臺北：時報文化，2018 年。

105. 程義譯著，《波斯神話故事》，臺北：星光出版社，2000 年。

106. 菲爾多西著、張鴻年譯，《列王紀全集》，北京：商務印書館，2017 年。

107. 賀允宜，《俄羅斯史》，臺北：三民書局，2000 年。

108. 黃民興、謝立枕，《戰後西亞國家領土糾紛與國際關係》，南京：江蘇人民出版社，2014 年。

109. 愛德華吉朋著、席代岳譯，《羅馬帝國衰亡史》，臺北：聯經出版社，2006 年。

110. 詹姆斯巴爾著、徐臻譯，《瓜分沙洲：英國、法國與塑造中東的鬥爭》，北京：社會科學文獻出版社，2019 年。

111. 趙竹成，〈文化互動與政治穩定——蒙古帝國瓦解的民族文化因素〉，收錄於中國邊政協會編，《蒙古民族與周邊民族關係學術會議論文集》，臺北：蒙藏委員會，2000 年，頁 229～244。

112. 劉增泉，《美索不達米亞——文明的起源》，臺北：五南出版，2013 年。

113. 劉學銚，《突厥汗國：狼的子孫》，臺北：風格司藝術創作坊，2014 年。

114. 劉學銚，《蒙古帝國：蒼狼與白鹿》，臺北：風格司藝術創作坊，2014 年。

115. 熱拉德德維利埃著、張許蘋、潘慶舲譯，《巴列維傳》，北京：商務印書館，1986 年。

116. 穆罕默德雷薩巴勒維著、吳國文譯著，《巴勒維回憶錄》，臺南：金川出版社，1980 年。

117. 霍布斯邦著、陳思仁等譯，《被發明的傳統》，臺北：貓頭鷹出版，2002 年。
118. 霍馬卡圖簡、侯賽因沙希迪編著，李鳳、袁敬娜、何克勇譯，《21世紀的伊朗——政治、經濟與衝突》，南京：江蘇人民出版社，2014 年。
119. 薩依德著、閻紀宇譯，《遮蔽的伊斯蘭》，臺北：立緒出版社，2002 年。
120. 羅哥澤來茲克拉維約著、楊兆鈞譯，《克拉維約東使記》，北京：商務印書館，1997 年。

網路資料：

Encyclopedia Iranca

圖片出處：

作者提供：47；本局繪製：1, 15, 19, 26, 29；Shutterstock: 2, 9, 10, 11, 20, 21, 28, 32, 33；維基共享資源：16 ～ 18: Photo by Classical Numismatic Group, Inc. http://www.cngcoins.com/ CC BY-SA-2.5; 31: Photo by Xiquinho Silva. http://www.cngcoins.com/ CC BY-SA-2.5；維基百科公有領域：3 ～ 8, 12 ～ 14, 22 ～ 25, 27, 30, 34 ～ 46。

以色列史——改變西亞局勢的國家

本書聚焦於古代與現代以色列兩大階段的歷史發展,除了以不同角度呈現《聖經》中猶太人的歷史及耶穌行跡之外,也對現代以色列建國之後的阿以關係,有著細膩而深入的探討。

土耳其史——歐亞十字路口上的國家

在伊斯蘭色彩的揮灑下,土耳其總有一種東方式的神秘感;強盛的國力創造出充滿活力的燦爛文明,特殊的位置則為她帶來多舛的境遇。且看她如何在內憂外患下,蛻變新生,迎向新時代的來臨。

約旦史——一脈相承的王國

位處於非、亞交通要道上的約旦,先後經歷多個政權更替,近代更成為以色列及阿拉伯地區衝突的前沿地帶。本書將介紹約旦地區的滄桑巨變,並一窺二十世紀初建立的約旦王國,如何在四代國王的帶領下,在混亂的中東情勢中求生存的傳奇經歷。

匈牙利史——一個來自於亞洲的民族

匈牙利,這個坐落在中歐的內陸國家,風景秀麗宜人,文化資產豐富,首都布達佩斯更被美譽為「多瑙河畔的珍珠」,散發出絢爛奪目的光芒。想更深入了解這個令人神迷的國度嗎?《匈牙利史》說給你聽!

國別史叢書

韓國史——悲劇的循環與宿命

位居東亞大陸與海洋的交接，注定了韓國命運的多舛，在中日兩國的股掌中輾轉，經歷戰亂的波及。然而國家的困窘，卻塑造了堅毅的民族性，愈挫愈勇，也為韓國打開另一扇新世紀之窗。

越南史——堅毅不屈的半島之龍

龍是越南祖先的形象化身，代表美好、神聖的意義。這些特質彷彿也存在越南人民的靈魂中，使其永不屈服於強權與失敗，總能一次又一次的挺過難關，期盼就像是潛伏大地的龍，終有飛昇入天的一日。

印尼史——異中求同的海上神鷹

印尼是一個多元、複雜的國家—不論在地理或人文上都是如此。印尼國徽中，神鷹腳下牢牢地抓住"Bhinneka Tunggal Ika"一句古爪哇用語，意為「形體雖異，本質卻一」，也就是「異中求同」的意思。它似乎是這個國家最佳的寫照：掙扎在求同與存異之間，以期鞏固這個民族國家。

紐西蘭史——白雲仙境·世外桃源

對於紐西蘭，我們知曉南島的山川峽灣，如匠人般勾勒出壯闊的山巒天際；北島的火山地景，隨人在瞭望中任憑想像馳騁。其人文歷史，就有如白雲仙境之霧，在迷濛中不被世人所知。殖民統治下的歷史痕跡、多元族群間的衝突融合，這座落於地球南端的世外桃源，還有待人們細細探尋！

波蘭史——譜寫悲壯樂章的民族

十八世紀後期波蘭被強鄰三度瓜分，波蘭之所以能復國，正顯示波蘭文化自強不息的生命力。二十世紀「團結工會」推動波蘭和平改革，又為東歐國家民主化揭開序幕。波蘭的發展與歐洲歷史緊密相連，欲了解歐洲，應先對波蘭有所認識。

南斯拉夫史——巴爾幹國家的合與分

眾所皆知巴爾幹半島素有「歐洲火藥庫」之稱，可是您知道該地宗教、民族、政治之間錯綜複雜的關係嗎？此書將帶您了解巴爾幹國家分分合合的原因與過程。

國家圖書館出版品預行編目資料

伊朗史：創造世界局勢的國家／陳立樵著.－－初版
一刷.－－臺北市：三民，2020
面；　公分.－－（國別史叢書）

ISBN 978-957-14-6802-0（平裝）
1. 歷史 2. 伊朗

736.11　　　　　　　　　　　　　　109004553

國別史

伊朗史──創造世界局勢的國家

作　　　者	陳立樵
責任編輯	林汝芳
美術編輯	李唯綸

發 行 人	劉振強
出 版 者	三民書局股份有限公司
地　　　址	臺北市復興北路 386 號 (復北門市)
	臺北市重慶南路一段 61 號 (重南門市)
電　　　話	(02)25006600
網　　　址	三民網路書店 https://www.sanmin.com.tw

出版日期	初版一刷 2020 年 6 月
書籍編號	S730290
I S B N	978-957-14-6802-0

三民書局